デジタルガバナンス

弁護士
児島幸良
KOJIMA YUKINAGA

弁護士
澁谷展由
SHIBUYA NOBUYOSHI

一般社団法人 **金融財政事情研究会**

はじめに

　多くの企業において自社のビジネスや会社運営におけるデジタル化（DX）の推進が課題となっている。

　デジタル化に対応するには、IT部門だけではなく非IT部門も含めた全社的な取組が必要であり、経営陣や社外取締役が主導するガバナンスの必要性が指摘され始めている。

　本書は、企業がいかにして自社のデジタル化をガバナンスしていくべきかについて、主にデジタル関連法務・コーポレートガバナンスの観点から検討するものであり、日本政府や金融機関を含む企業の動向を検証した上で、デジタル化先進企業である三井物産の真野雄司氏、ソフトバンクの宮山慎介氏、知財戦略の第一人者の正林真之弁理士のお三方へのインタビューを行っている。

　デジタル化施策には、自社の業務を支えるITシステムを堅牢に構築し、安定的に運用するという「守り」の側面と、デジタルを活用した既存ビジネスの効率性向上、既存の商品・サービスの付加価値向上、新ビジネスの創造といった「攻め」の側面とがある。「守り」が機能せず、システム障害などにより企業価値が毀損されれば、経営陣は法的責任を問われるリスクがある。他方で、「攻め」が機能しなければ、競合他社から大きく差をつけられ、経営陣は経営責任を問われるリスクもある。

　デジタル化やデジタルガバナンスを検討されている読者の皆様に、これらの「攻め」と「守り」のいずれかの面において少しでもお役に立つ部分があればと願って本書を執筆した次第である。

　2024年 2 月　　　　　　　　児島　幸良・澁谷　展由

● 目　次

第3章　企業が実践すべきデジタルガバナンス

デジタルガバナンスの要請

1 企業に求められ始めたデジタルガバナンス

　我々の社会生活、経済生活の様々な局面でデジタル化、デジタルトランスフォーメーション（DX）が求められるようになっている。

　従前から業務手順のデジタル化による効率性の向上、データ活用による新たなビジネスや政策の展開などが求められていた。IT施策についての国や自治体の責務を定めたIT基本法が制定されたのは2000年であった。

　しかしながら、日本政府や日本企業のIT化が進まないと批判・揶揄されながら20年が経過した2020年にコロナ禍が発生した。

　テレワークが必要となったがハンコの押印や書類の受領のために出社が必要となった企業が多かった。

　データの共通化が図られていなかったことなどを原因として政府や自治体の連携が停滞した結果、申請をしても助成金がなかなか支払われない、ワクチン接種券の配布が遅れるなどの事態も生じた。

　かかる状況は「デジタル敗戦」とも呼ばれた。

　ただ、日本が第二次世界大戦の敗戦後に驚異的なスピードで復興を果たしたように、日本企業や日本政府のデジタル化は「デジタル敗戦」以前に比べて確実にスピードアップしてきている。コロナ禍がおおむね沈静化した2023年以降もそのスピードは加速度を強めている。

　政府では2021年 9 月にデジタル政策の司令塔機能を担う省庁としてデジタル庁が発足し、自治体窓口DX、ガバメントクラウド、地方公共団体の基幹業務システムの統一・標準化といった政策が推進されている。

　各企業においても、大企業やITベンチャーを中心に商品・サービス内容、業務手順、人材確保などの点でデジタル化が進展しつつある。

　他方、デジタル化に対応した商品・サービスの開発ができない、業務手順のデジタル化が進まない、デジタル人材の確保ができないという企業も少なくない。

　そのような企業でデジタル化が進展しない原因は何か。

　デジタル化に対応する人材がいない、予算がないといった個別の要因も当然ある。

　しかし、より根本的な問題として、それらの企業にはデジタル化の進展を遅らせるガバナンス（企業統治）上の阻害要因があるのではないのか、という問題意識が高まった。

　例えば、みずほフィナンシャルグループが設置した調査委員会の報告書はシステム障害の「組織全体」の要因として、システム担当部門と顧客対応部門の連携不足、情報を一元的に集約・分析して対策を立案・実施する危機管理体制の弱さ、システム構築後の運用管理体制の脆弱化、人材の育成・配置・訓練の問題といった点を挙げている（同社システム障害特別調査委員会「調査報告書（公表版）」（2021年 6 月15日）86〜89、113頁）。

　デジタル化推進にガバナンスの観点が必要であるという問題意識から経済産業省は後述する「デジタルガバナンス・コー

3

ド」を策定し、情報処理促進法に基づくDX認定制度の認定基準と対応させるという政策を打ち出している。

　企業のIT・デジタルの管理体制の構築、運用は、企業運営の継続にも関わる問題であり、経営陣が適切に指揮・監督する義務を負うガバナンスの問題と認識されるようになってきているのである。

2　本書のテーマ・構成

　以上のような動向をふまえ、企業はどのようにしてデジタル化を推進するガバナンス、すなわち「デジタルガバナンス」を構築、運営していけば良いかを検討することが本書のテーマである。

　第1章では、上場企業に対し、デジタル化を推進するためのガバナンス体制の構築、運営と求め、参考となる考え方を提供している公的な指針の背景・内容を解説する。

　第2章では、デジタルガバナンスのリアルな実践例をインタビュー形式で紹介する。具体的には、明治時代以来の社歴を持つ企業でありながら先進的なデジタルガバナンス体制を構築している三井物産・デジタル総合戦略部長の真野雄司氏、通信という既存業務からデジタルソリューション事業を発展させたソフトバンク・データ基盤戦略本部アーキテクチャ推進室長の宮山慎介氏、知財戦略策定の第一人者である正林真之弁理士に、デジタルガバナンスの構築・運営の参考となるお話を伺っている。

　また、それらの実践例をふまえ、コーポレートガバナンスの観点から企業がAIの取扱いを含むDX推進をどのようにガバナンスしていくべきかについて筆者両名（児島・澁谷）が対談を行うことで模索していく。

　最後に第3章において、第1章の公的指針の考え方、第2章の優れた実践例の検討をふまえ、企業が行っていくべき具体的実践について検討する。

デジタルガバナンスに関わる
公的指針の背景と内容

本章では、デジタルガバナンスに関わる特に重要な公的指針として、コーポレートガバナンス・コードの2021年改訂と知財・無形資産ガバナンスガイドライン、デジタルガバナンス・コードの 3 つの指針の背景と内容を解説する。

1　2021年コーポレートガバナンス・コード改訂

⑴　CGコードの影響力の高まり

　東京証券取引所（以下「東証」という）の有価証券上場規程の一部であるコーポレートガバナンス・コード（以下「CGコード」）は2015年の制定以来、上場企業の運営に大きな影響を与えてきた。

　その最たる例は日本の上場企業の社外取締役の選任数である。

　CGコード原則 4 −8.は、上場企業は独立社外取締役を少なくとも 2 名以上「選任すべきである」とした。

　あくまで「選任すべきである」であり、「選任しなければならない」ではない。コードを実施するか、実施しない場合にはその理由をコーポレートガバナンス報告書で説明・開示することが求められているだけである（comply or explain原則）。

　社外取締役を初めて選任した時期はトヨタ自動車が2013年、キヤノンが2014年であった。少なからぬ著名企業でさえも社外取締役を選任することに消極的であった時期が長らく続いていた。東証一部上場企業で社外取締役を 2 名以上選任している企

業はCGコード制定の前年の2014年では21.5％にとどまっていた。

しかしながら、制定後の2015年には2倍以上の48.4％に、2018年には91.3％にまで上昇した。

この増加については様々な要因が考えられるが、コードを遵守せずに説明することを選んだとしても、社外取締役の選任を2人未満にとどめることの理由を、株主総会などにおいて合理的に説明することが困難であったことが挙げられる。

ある大変著名なビジネス弁護士が「クライアントから『社外取締役を選任しない理由づけをなんとかアドバイスいただけませんか』と質問されたが『無理ですよ』と答えた」と述べていたのを筆者は聞いたことがある。

かかる状況をふまえ、2019年の会社法改正において上場企業については社外取締役を1名以上選任することが法律上の義務とされた（327条の2）。

つまり、法律上の義務ではなかったことが、CGコードの要請とそれに対応する企業の動きを経た結果、全国民の代表である国会で法律上の義務となった実例が生じたことになる。「ソフトローがハードローとなった」とも言われている。

⑵ CGコードへの「知的財産への投資等」の規定

このような影響力を発揮した実績を持つCGコードが2021年改訂において次のとおり規定した。

●上場企業は「知的財産への投資等」について「自社の経

営戦略・経営課題との整合性を意識しつつ分かりやすく
具体的に情報を開示・提供すべきである」（補充原則3－
1③）

● 上場企業の取締役会は「知的財産への投資等」「をはじ
めとする経営資源の配分や、事業ポートフォリオに関す
る戦略の実行が、企業の持続的な成長に資するよう、実
効的に監督を行うべきである」（補充原則4－2②）

　従前、企業が知的財産への投資を行うかどうかは各企業の経
営方針の問題であり、外部から指図を受ける問題ではなかっ
た。

　しかし、この改訂により、上場企業が経営戦略・経営課題と
整合した知的財産への投資等についての開示を行わなかった
り、取締役会が企業の持続的な成長に資する知的財産への投資
等の監督を行わなかったりするならば、行わない理由をコーポ
レートガバナンス報告書に記載することが求められるように
なった。

　CGコードの改訂についての検討会の事務局であった金融庁
や東証の担当者によると、委員から知的財産への投資の重要性
を指摘する意見が強かったことから盛り込まれたとのことであ
る（島崎征夫ほか「コーポレートガバナンス・コードと投資家と企
業の対話ガイドランの改訂の解説」商事法務2266号12頁）。

　東証が2022年に公表したデータによると、「知的財産への投
資等」の開示は62.55％、取締役会の監督は89.38％の遵守率で
あった（東証「コーポレートガバナンス・コードへの対応状況

（2022年 7 月14日時点）」24頁）。

前述のようなCGコードの影響力からすると、この遵守率は2023年以降も高まっていくことが予想される。

次に論じる「知財・無形資産ガバナンスガイドライン」がCGコードのいう「知的財産への投資等」を敷衍して本書のテーマであるデジタルガバナンスに通じていく。

2 知財・無形資産ガバナンスガイドライン

⑴ 知財・無形資産GLの策定

CGコードのいう「知的財産の投資等」を取締役会が「監督」する、上場会社が「開示」するとは、具体的にはどのような方法で行えばよいのか。

この点の考え方を示すものとして、2022年 1 月28日首相官邸の知的財産戦略本部が設置した「知財投資・活用戦略の有効な開示及びガバナンスに関する検討会」は「知財・無形資産の投資・活用戦略の開示及びガバナンスに関するガイドライン（略称：知財・無形資産ガバナンスガイドライン）Ver.1.0」を公表した（以下、それ以降のバージョンも併せて「知財・無形資産GL」）。

検討会の委員は著名企業の知的財産担当の役職員、知財戦略の専門家等が務め、事務局は内閣府知的財産戦略推進事務局、経済産業省経済産業政策局産業資金課、オブザーバーは金融庁企業開示課、特許庁企画調査課、東証上場部である。

2023年 3 月27日に「Ver.2.0」が公表されているので以下、

「Ver.2.0」をもとに説明する。

知財・無形資産GLは「ガイドライン」であるから「義務的な法令開示の枠組み作りを目的とするものではなく、任意の開示を促すもの」と位置付けられている（9頁）。

したがって、自社の知的財産への投資等について取締役会で監督を行っており、開示もしている企業であれば、必ずしも知財・無形資産GLに依拠する必要はない。

ただ、2021年のCGコード改訂以降の現時点においてプライム市場でもまだ実施に至っていない企業が約3分の1程度あり、実施したとする企業についても対応を模索中の企業が少なくない。

そのため、上記のように高度な専門家や関連省庁のスタッフによって十分に審議されて作成された知財・無形資産GLは参照する価値が高い。

また、上場企業が株主・投資家から「CGコードの知的財産への投資等についての監督・開示についてどのように取組を行っているか」と問われた際も、施策の検討・決定時に知財・無形資産GLを参考にしていることを伝えることで理解が得られやすくなることも想定される。

(2)　知財・無形資産GL策定の背景

知財・無形資産GLには「発行に至る背景」が記載されているが、筆者は特に次の点に注目すべきと考えている。

●日本の「上場企業の株価純資産倍率（PBR）」が「1倍

前後で推移」しており、「欧米と比べ低い状況となっている」（5頁）

● 「米国企業では、企業価値に占める無形資産の割合が既に過半を越えているのに対し、日本企業は未だ有形資産の割合が大き」い（5頁）

● 「日本企業は米国に次いで特許出願数では世界3位であるにもかかわらず」「PBR1倍割れの企業が多い状況が続いている」（8頁）

● したがって「日本企業には、企業価値向上の原動力となる質の高い知財・無形資産の蓄積を企業戦略の中に組み込むとともに、知財・無形資産への投資を促進し、投資家や金融機関に対する開示や建設的な対話を進めることで、企業価値を高める余地があると言える」（5頁）

　筆者がこの背景説明に注目する理由は、そもそも日本企業は「質の高い知財・無形資産の蓄積」があるにもかかわらず、「投資家や金融機関」に十分な説明ができていないことにより、本来あるはずの企業価値の伸び代が活かされていない、という問題意識である。

　つまり、「今から大幅に知財・無形資産への投資額を増加させよ」というよりは、「蓄積した知財・無形資産を活用して企業価値を増大させる将来像の説明がうまくないので説明の仕方を十分に工夫せよ」という示唆なのである。

　今すぐ大幅な追加投資をせよということではないことから、どのような企業でも工夫次第で明日から取り組める点が重要で

ある。

⑶ 知財・無形資産GLのスコープ

CGコードが「知的財産への投資等」の「開示」「監督」と述べていたものが、知財・無形資産GLでは「知財・無形資産の投資・活用戦略」の「開示」「ガバナンス」へと敷衍されている点が重要である。

知財・無形資産GLは「スコープ」として「特許権、商標権、意匠権、著作権といった知財権に限られず、技術、ブランド、デザイン、コンテンツ、ソフトウェア、データ、ノウハウ、顧客ネットワーク、信頼・レピュテーション、バリューチェーン、サプライチェーン、これらを生み出す組織能力・プロセスなど、幅広い知財・無形資産を含む」としている（5頁）。

下線で強調した点が本書のテーマであるデジタルガバナンスに特に関係する。

⑷ 知財・無形資産GLの構成

知財・無形資産GLの構成は次のとおりとなっている。

Ⅰ．はじめに

Ⅱ．日本における知財・無形資産の投資・活用の現状と課題

Ⅲ．企業価値を顕在化するコミュニケーション・フレームワーク

Ⅳ．企業に求められる知財・無形資産の投資・活用戦略の

構築・開示・発信

Ⅴ．投資家や金融機関に期待される役割

Ⅵ．おわりに（今後に向けた課題）

　このうち、本書のテーマであるデジタルガバナンスと特に関連するのは「Ⅳ．企業に求められる知財・無形資産の投資・活用戦略の構築・開示・発信」である。「知財・無形資産」のうち、ソフトウェア、データその他デジタル技術とこれらを生み出す組織能力・プロセスをどう「ガバナンス」して、「開示」していくかという観点から、以下、知財・無形資産GLの「Ⅳ．企業に求められる知財・無形資産の投資・活用戦略の構築・開示・発信」部分を読み解いていく。

⑸　戦略構築

　知財・無形資産についての戦略をどう構築すべきかについて知財・無形資産GLは次の5つのステップを示している。

①　自社の現状のビジネスモデルと強みとなる知財・無形資産の把握・分析

②　知財・無形資産を活用した持続的成長に繋がるビジネスモデルの検討

③　競争優位を支える知財・無形資産の維持・強化に向けた戦略の構築

④　スタートアップに対する経営資源提供を通じた価値協創能力の構築

a　ビジネスモデルと知財・無形資産の把握・分析

　自社の今後の戦略を立案するためにはまずは現状の把握・分析が必要となる。

　知財・無形資産GLは「知財・無形資産が競争力や差別化の源泉となっており、それがどのように価値創造やキャッシュフロー創出に繋がるかを『見える化』することが期待される」「その際、『IPランドスケープ』の手法を活用し、業界・競合他社等のビジネスモデルや知財・無形資産についての分析も行い、自社の強みを客観的・相対的に捉えることも有効である」としている（38頁）。

　IPランドスケープについて、知財・無形資産GLは様々な定義があるとしつつ、「経営戦略又は事業戦略の立案に際し、経営・事業情報に知財情報を組み込んだ分析を実施し、その分析結果（現状の俯瞰・将来展望等）を経営者・事業責任者と共有すること」という定義を紹介している（参考資料編24頁）。

　IPランドスケープは「欧米においてここ数年で急速にかつ頻繁に使用され始めた」概念であり、従来知財部門が行ってきたように他社の特許に抵触しないために調査するという消極的な目的だけでなく、より積極的に事業に成功するために自社と他社の知財を調査する活動とされている。例えば、知財の観点からシナジーを生み出す事業提携候補やM&A候補を分析して経

営陣に提案する目的で使われるとされている（渋谷高弘・IPL経営戦略研究会『IPランドスケープ経営戦略』75〜77頁（日本経済新聞社、2019年））。

　知財・無形資産GLは旭化成の例として「買収した自動車内装企業のSageと連携し、自動車内装材の業界及び競合知財解析を俯瞰的に実施し、Sageに旭化成の技術を持ち込むことによって新分野が開拓できるのでは、と議論を行い、これをきっかけにSageと旭化成の強みを活かした新事業テーマの共同開発につなげた事例がある」としている（参考資料編25頁）。

b　知財・無形資産を活用したビジネスモデルの検討

　戦略立案のために自社の有する知財・無形資産の把握・分析をした後は、それをふまえて、新規のビジネスモデル構築や既存のビジネスモデルの改善を検討することとなる。

　知財・無形資産GLは、まず「攻め」の観点として、自社の「価値観（パーパス）や価値創造の方針を踏まえ、自社の知財・無形資産（インプット）を、どのような事業化（事業活動）を通じて、製品・サービスの提供（アウトプット）、社会的価値・経済的価値（アウトカム）に結び付けるか、というビジネスモデルを構築することが求められる」としている（38頁）。

　次に、ビジネスモデルが損なわれないための「守り」の観点として次の点を挙げている（38頁）。

●他社の権利侵害の回避

●他社による差止の回避

●損害賠償責任を負うことの抑止

●レピュテーションリスクの抑止

●サイバーセキュリティへの対応

　知財・無形資産GLはビジネスモデルの例として本田技研工業の二輪事業のオープン&クローズ戦略を挙げている（参考資料編28頁）。

　具体的には、同社は、燃料供給装置であるキャブレターについて量産効果によるコストメリットを得るために他社にも販売する（オープン）。

　一方で、特許権は他社に許諾せず、ノウハウは秘匿するため（クローズ）、同社のキャブレターを使用したインドの二輪企業の製品と比べ燃費が1〜2割良くなり、スロットルスイッチが不要になるなどして二輪車の製造コストも安くなることで競争優位を確保しているという。

c　知財・無形資産の維持・強化に向けた戦略の構築

　さらに、戦略的に構築したビジネスモデルを支える知財・無形資産をどう維持・強化していくかが必要となる。

　知財・無形資産GLは次の点の検討が重要であるとしている（41頁）。

●現状の姿（As is）と将来の姿（To be）を照合し、足らざる知財・無形資産をどのような投資により埋めていくか、経営資源の配分や事業ポートフォリオをどのように

見直していくか

●今後どのような知財・無形資産の投資を行う必要があるか（顧客ネットワークやサプライチェーンの維持・強化、研究開発による自社創造、M&Aによる外部からの調達など）

●自社の知財・無形資産が支えるビジネスを守るためにどのような方策をとるべきか（他社による侵害、価値棄損への対応、自社権利の維持管理や、秘密保持体制の構築運用など）

●戦略の構築に当たっては、その進捗を取締役会において適切に把握することが可能となるよう、KPIを設定することが重要

d　スタートアップ、サプライチェーンとの協業

　以上のような現状分析→ビジネスモデル構築→ビジネスモデルの維持・強化に加えて、知財・無形資産GLは、スタートアップやサプライチェーンとの協業についても「戦略構築の流れ」の中に加えている。

　大企業がスタートアップや自社からカーブアウト・スピンアウトした企業と協業し、大企業は知財・無形資産、人材、資金等を提供し、スタートアップ等は革新的な技術の提供やイノベーティブな文化の浸透支援を行う関係性の構築を薦めている（41頁）。

　具体例としては次のようなものを挙げている。

- KDDIの事業協創を目的としたプラットフォームであり、かつ、アーリー期以降のスタートアップに出資するコーポレートベンチャーキャピタルである「KDDI∞Labo」（44頁）
- パナソニックが保有する数万件の知財情報を外部から検索可能とする仕組み（44頁）
- NECの研究開発部門と新事業開発部門を統合し、シリコンバレーに設立した「NEC X」を通じて外部人材と協業、保有技術の公開、起業家からアイディアを募る取組み（45頁）
- 丸井の執行役員がチームリーダーを務め、各部門横断型の「共創チーム」を新設し、スタートアップ等と協業する仕組み（参考資料編29頁）
- 独SAPのシリコンバレーオフィスの位置づけ見直し、独立コーポレートベンチャーキャピタル、SAPとの連携の場などの複数チャネルでの支援策実施（参考資料編30頁）

(6) 戦略実行のガバナンス

　以上のように構築された戦略が着実に実行されるようガバナンスを行う必要がある。

　知財・無形資産GLは次の3点のガバナンスが必要であるとしている（54〜56頁）。

① 全社横断的な体制の構築

② 取締役会によるガバナンス

③ 社内における連携体制・人材育成

a 全社横断的な体制の構築

知財・無形資産GLは、知財・無形資産の戦略実行のためには、次の方法等により全社横断的な体制を構築する必要があるとしている（54〜55頁）。

●経営トップ自らが「部門間の連携や経営資源配分の取組について適切に把握・理解し、経営トップの責任の下で社内の関係部門が横断的かつ有機的に連携した全社横断的な体制を整備する」

●将来価値創造について経営トップと責任を共有する責任者を置く。責任者は、投資を将来価値に結び付けるための研究開発方針や技術方針に反映する。また、知財・無形資産の投資・管理・活用を組織としてどうコントロールし、展開・運用しているかを取締役会に報告する。

●社内の関係部門が横断的かつ有機的に連携し、経営トップの責任の下で適切な体制を構築する。委員会を活用することなどにより、社内の幅広い部署（経営企画、総務（IR、ESGなど）、事業、知財、研究開発、マーケティング、

営業など）が連携することができる体制を構築する。

具体例としては次のような会社の取組を挙げている。

●オムロンは知財・無形資産投資について責任を担う代表
取締役CTOを設置している（参考資料編41頁）
●ナブテスコは全社知財戦略審議、知的財産強化委員会、
カンパニー知財戦略会議という3つの執行側の知財戦略
活動を行っている（参考資料編42頁）
●旭化成は経営企画担当役員の直下に知財インテリジェン
ス室を新設し、経営機能の支援体制を構築し、中期経営
計画の立案等を行っている（参考資料編44頁）

b　取締役会によるガバナンス

　意思決定機関であると同時に経営陣に対する監督機関でもあ
る取締役会は、経営陣の知財・無形資産の戦略実行をいかに監
督すべきか。
　知財・無形資産GLは、例として次の手法を挙げている（55
頁）。

●取締役会に知財・無形資産の戦略的投資・活用に関して
諮問する委員会を設置する
●知財・無形資産に関する知見を取締役のスキルマトリッ
クスを構成する一つの要素として位置づける

●取締役が知財・無形資産に関する知見や認識を深める機会を設ける

●知財・無形資産戦略実行についてのKPIを役員報酬と連動させる

c 社内における連携体制・人材育成

知財・無形資産GLは「これまで、知財に関する課題は知財部門に任せればよいという意識が強かった」「知財部門のスコープが技術や特許に偏っているなど、経営戦略を支える力が弱かった」という問題意識を示している（56頁）。

その上で、今後の知財部門については「知財・無形資産の創出のみならず、知財・無形資産を効果的に組み合わせ、他部門を巻き込みつつ、知財・無形資産の活用を通じたビジネスモデルにつなげていく視点・視野が不可欠である」としている（56頁）。

また、それを支える「社内全体の知財・無形資産に精通し、ESGの観点も含め経営戦略や事業戦略に参画していくことができるような人材」の育成が必要であるとしている（56頁）。

⑺ 開 示

知財・無形資産GLは、知財・無形資産の戦略実行について「多様な投資家・金融機関に対する開示・発信・対話」を次のように実行することを求めている（48～54頁）。

① 定性的・定量的な説明（KPI等含む）

② 様々な媒体を通じた戦略の開示・発信

③ セグメント単位の開示・発信

④ 投資家との双方向の対話の実践

　説明の方法としては、投資家や金融機関は他社比較を行うため定量的な説明を必要としている。人材の可視化などについては定性的な説明が有用としている（①）。上述した知財・無形資産の戦略実行についてのガバナンスの取組も定性的な説明となる（参考資料編33頁）。

　媒体としては、統合報告書、コーポレートガバナンス報告書、IR資料などのほか、メディアや工場見学会等を通じた開示・発信も有効活用すべきとしている（②）。

　多くのセグメントを抱える企業はセグメントごとに知財・無形資産の投資・活用戦略の開示・発信を行うべきとしている（③）。

3　デジタルガバナンス・コード

(1)　デジタルガバナンス・コードの策定

　1970年に制定され、逐次改正されてきた情報処理促進法は「情報処理システムが戦略的に利用され、及び多様なデータが活用される高度な情報化社会の実現を図り、もって国民生活の

向上及び国民経済の健全な発展に寄与することを目的」とした法律である（1条）。

　同法は経済産業大臣が「情報処理システムを良好な状態に維持するために必要な情報処理システムの運用及び管理に関する指針」を定めることを求めている（30条1項）。

　これを受けて経済産業省は2020年5月15日、「情報処理システム」を「企業経営において戦略的に利用することが重要であることに鑑み」「情報処理システムの運用及び管理に関する指針」を定めた（経済産業省告示第110号。以下「情報処理システム指針」）。

　情報処理システム指針は次のような事項を定めている。

第一　情報処理システムの運用及び管理に関する基本事項
　　事業者に情報処理システムに関するビジネスモデル構築、戦略策定を行いステークホルダーに示すことを求める。

第二　情報処理システムの運用及び管理を適切に行うために必要な体制の整備に関する事項
　　事業者は戦略推進に必要な組織を構築し、人材育成、外部組織との関係構築・協業も考慮しつつ、組織の設計・運営の在り方をステークホルダーに示すことを求める。

第三　情報処理システムの運用及び管理に係る具体的な方法に関する事項
　　情報処理システムやデジタル技術の活用のための環境

整備に向けたプロジェクト、マネジメント手法等をステークホルダーに示すことを求める。

第四　その他情報処理システムの運用及び管理を適切に行うために必要な事項

事業者に対し、戦略達成度を評価する指標を定め評価する、取締役会等がビジョン・戦略の方向性の決定に役割を果たし、実務執行総括責任者を監督する、実務執行総括責任者はステークホルダーへの情報発信、最新技術への対応等、サイバーセキュリティ対応等の実施を求める。

　経済産業省が情報処理システム指針を敷衍する位置付けで定めた文書が「デジタルガバナンス・コード」である（以下「DGコード」）。

　DGコードは次のような内容となっている（初版は2020年11月9日に策定されたが、以下、2022年9月13日に改訂された「2.0」に基づく）。

1．ビジョン・ビジネスモデル
2．戦略
　2－1．組織づくり・人材・企業文化に関する方策
　2－2．ITシステム・デジタル技術活用環境の整備に関する方策
3．成果と重要な成果指標

> ### 4．ガバナンスシステム

　このように情報処理システム指針、DGコードは、前述した東証のCGコード、首相官邸知財戦略本部の検討会の知財・無形資産GLとは異なる文脈・経緯から定められた指針である。

　しかし両者は、企業のデジタル施策について戦略策定、戦略実行のガバナンス（目標設定と評価）、ステークホルダーへの開示を求めることを主たる内容とする点で共通している。

⑵　DX認定、DX銘柄

　情報処理促進法は情報処理システム指針に規定された「取組の実施の状況が優良なものであることその他の経済産業省令で定める基準に適合するものであることの認定を行うことができる」としている（31条）。

　これを受けて経済産業省は、情報処理促進法に基づき、DGコードの基本的事項に対応する企業を国が認定する制度である「DX認定制度」を設け、独立行政法人情報処理推進機構（IPA）が認定を行っている。

　「認定事業者は『企業がデジタルによって自らのビジネスを変革する準備ができている状態（DX-Ready)』とされ、自社をアピールしたり、公的な支援措置を受けること」ができる（IPAのウェブサイト：https://www.ipa.go.jp/digital/dx-nintei/about.html）。

　また、経済産業省は「DX銘柄」の選定も公表している。

　これは、DX認定制度の認定申請を行った東証上場企業のう

ち、「企業価値の向上につながるDXを推進するための仕組みを社内に構築し、優れたデジタル活用の実績が表れている企業」を「DX銘柄」として業種区分ごとに選定し、さらに、「DXのベストプラクティスとなるデジタル時代を先導する企業」を「DXグランプリ」として選定し、「その他、銘柄の趣旨に照らして特色ある企業と銘柄評価委員が評価する企業」を「DX注目企業」として選定するものである。

(3) DGコードのDXの定義・分類

DGコードは序文において「DX」を「企業がビジネス環境の激しい変化に対応し、データとデジタル技術を活用して、顧客や社会のニーズを基に、製品やサービス、ビジネスモデルを変革するとともに、業務そのものや、組織、プロセス、企業文化・風土を変革し、競争上の優位性を確立すること」と定義している（1頁）。

また、DXを次の3つに分類している（1頁）。

① デジタルの力を効率化・省力化を目指したITによる既存ビジネスの改善に振り向けること

② デジタルの力を新たな収益につながる既存ビジネスの付加価値向上に振り向けること

③ デジタルの力を新規デジタルビジネスの創出に振り向けること

(4) 「ビジョン・ビジネスモデル」「戦略」

DGコードは「ビジョン・ビジネスモデル」の「柱となる考

え方」を「企業は、ビジネスとITシステムを一体的に捉え、デジタル技術による社外及び競争環境の変化が自社にもたらす影響（リスク・機会）を踏まえた、経営ビジョンの策定及び経営ビジョンの実現に向けたビジネスモデルの設計を行い、価値創造ストーリーとして、ステークホルダーに示していくべきである」としている（4頁）。

また、「戦略」の「柱となる考え方」を「企業は、社会及び競争環境の変化をふまえて目指すビジネスモデルを実現するための方策としてデジタル技術を活用する戦略を策定し、ステークホルダーに示していくべきである」としている（6頁）。

「ITシステムをふまえたビジネスモデルを設計し、活用戦略を策定せよ、それをステークホルダーに開示せよ」としている点は、知財・無形資産GLが「知財・無形資産をふまえたビジネスモデルを設計し、活用戦略を策定せよ、それをステークホルダーに開示せよ」としている点と共通する。

「戦略」についての「望ましい方向性」としては「デジタル戦略・施策のポートフォリオにおいて、合理的かつ合目的的な予算配分がなされている」「データを重要経営資産の一つとして活用している」といった点が挙げられている（6頁）。

⑸ 組織づくり・人材・企業文化

DGコードは「組織づくり・人材・企業文化に関する方策」の「柱となる考え方」を「企業は、デジタル技術を活用する戦略の推進に必要な体制を構築するとともに、組織設計・運営の在り方について、ステークホルダーに示していくべきである。

その際、人材の育成・確保や外部組織との関係構築・協業も、重要な要素として捉えるべきである」としている（7頁）。

「望ましい方向性」としては次の点などを挙げている。

●デジタル戦略推進のために必要なデジタル人材の定義と、その確保・育成／評価の人事的仕組みが確立されている。

●人材育成・確保について、現状のギャップとそれを埋める方策が明確化されている。

●リスキリングやリカレント教育など、全社員のデジタルリテラシー向上の施策が打たれている。その中では、全社員が目指すべきリテラシーレベルのスキルと、自社のDXを推進するための戦略を実行する上で必要となるスキルとがしっかりと定義され、それぞれのスキル向上に向けたアプローチが明確化されている。

●経営戦略と人事戦略を連動させた上で、デジタル人材の育成・確保に向けた取組が行われている。

また「取組例」として次の例を示している。

●DXの推進をミッションとする責任者（Chief Digital Officer）、科学技術や研究開発などの統括責任者（Chief Technology Officer）、ITに関する統括責任者（Chief Information Officer）、データに関する責任者（Chief Data Officer）が、組織上位置付けられ、ミッション・役割を

含め明確に定義され任命されている。

● スキルマトリックス等により、経営層（経営者及び取締役・執行役員等）のデジタルに関係したスキルの項目を作成し、ステークホルダーに向け公表している。

● 取締役会や経営会議等の場において、経営トップが最新のデジタル技術や新たな活用事例に関する情報交換を定期的に行うとともに、自社の戦略への落とし込みについて自ら主体的に検討を行っている。DXを推進する、組織上位置付けられた専任組織がある。

● DX推進を支える人材として、どのような人材が必要かが明確になっており、確保のための取組を実施している（計画的な育成、中途採用、外部からの出向、事業部門・IT担当部門間の人事異動等）。

● DXの推進にあたり、オープンイノベーション、社外アドバイザー・パートナーの活用、スタートアップ企業との協業など、これまでのIT分野での受発注関係と異なる外部リソースの活用を実施している。

● DX推進のための予算が一定の金額または一定の比率確保されている。それは他のIT予算と別で管理されており、IT予算の増減による影響を受けないようになっている。

● 全社員が、デジタル技術を抵抗なく活用し、自らの業務を変革していくことを支援する仕組み（教育・人事評価制度等）がある。

● DXの推進にあたり、新しい挑戦を促すとともに、継続的に挑戦し、積極的に挑戦していこうとするマインド

セット醸成を目指した、活動を支援する制度、仕組みがある。

●デジタルに関する専門知識を身につけた社員が、その知識を活用し、より実践的なスキルを身につけられるような人材配置の仕組みがある。

●自社のデジタル人材育成・確保に関する考え方が、外部に対しても効果的にアピールされている。

●社員一人ひとりが、仕事のやり方や行動をどのように変えるべきかが分かるような、経営ビジョンの実現に向けたデジタル活用の行動指針を定め、公開している。

⑹ ITシステム・デジタル技術活用環境の整備

DGコードは「ITシステム・デジタル技術活用環境の整備」の「柱となる考え方」を「企業は、デジタル技術を活用する戦略の推進に必要なITシステム・デジタル技術活用環境の整備に向けたプロジェクトやマネジメント方策、利用する技術・標準・アーキテクチャ、運用、投資計画等を明確化し、ステークホルダーに示していくべきである」としている（9頁）。

「取組例」としては、「情報システムの全社最適を目指し、全社のデータ整合性を確保するとともに、事業部単位での個別最適による複雑化・ブラックボックス化を回避するための仕組みがある」「全社最適で策定された計画の実行段階においては、各事業部門が自己の利害に固執して全体最適から離れてしまわないよう注意を払いながら、オーナーシップをもって、その完

遂に向けて努力している」といったものが挙げられている。

⑺ 成果と重要な成果指標・ガバナンスシステム

　DGコードは「成果と重要な成果指標」の「柱となる考え方」を「企業は、デジタル技術を活用する戦略の達成度を測る指標を定め、ステークホルダーに対し、指標に基づく成果についての自己評価を示すべきである」としている（11頁）。

　また、「ガバナンスシステム」の「柱となる考え方」については次のように述べている（13頁）。

●経営者は、デジタル技術を活用する戦略の実施に当たり、ステークホルダーへの情報発信を含め、リーダーシップを発揮するべきである。

●経営者は、事業部門（担当）やITシステム部門（担当）等とも協力し、デジタル技術に係る動向や自社のITシステムの現状を踏まえた課題を把握・分析し、戦略の見直しに反映していくべきである。また、経営者は、事業実施の前提となるサイバーセキュリティリスク等に対しても適切に対応を行うべきである。

［取締役会設置会社の場合］

●取締役会は、経営ビジョンやデジタル技術を活用する戦略の方向性等を示すにあたり、その役割・責務を適切に果たし、また、これらの実現に向けた経営者の取組を適切に監督するべきである。

「望ましい方向性」では、デジタル戦略・施策の達成度にKPIを設けることが挙げられている。

「ガバナンスシステム」「取組例」としては次の点などが挙げられている。

●企業価値向上のためのDX推進について、経営トップが経営方針・経営計画やメディア等でメッセージを発信している。

●経営トップとDX推進部署の責任者（CDO・CTO・CIO・CDXO等）が定期的にコミュニケーションを取っている。

●経営トップが事業部門やITシステム部門等と協力しながら、デジタル技術に係る動向や自社のITシステムの現状を踏まえた課題を把握・分析し、戦略の見直しに反映している。

●企業価値向上のためのDX推進に関して、取締役会・経営会議で報告・議論されている。

●経営者がサイバーセキュリティリスクを経営リスクの1つとして認識し、CISO等の責任者を任命するなど管理体制を構築するとともに、サイバーセキュリティ対策のためのリソース（予算、人材）を確保している。

●サイバーセキュリティリスクとして守るべき情報を特定し、リスクに対応するための計画（システム的・人的）を策定するとともに、防御のための仕組み・体制を構築している。

●サイバーセキュリティリスクに対応できる体制の構築に向けた取組として、情報処理安全確保支援士の取得を会社として奨励している。

●サイバーセキュリティを経営リスクの一つと捉え、その取組を前提としたリスクの性質・度合いに応じて、サイバーセキュリティ報告書、CSR報告書、サステナビリティレポートや有価証券報告書等への記載を通じて開示を行っている。

　ガバナンスの内容として、デジタル戦略・施策の実行スキルを有する役員の選任、役員構成の実現（スキルマトリックス）や、KPIの役員報酬との連動についてまでは言及していない点が知財・無形資産GLとの相違点である。

第 2 章

デジタルガバナンス、
知財ガバナンスの実践例

前章で公的指針が企業に求めるデジタルガバナンスの考え方を概観した。

　では、それをどのように具体的に実践すべきか。

　生きた実践例から学ぶことが最も効果的であると考え、本章では優れた実践を行っている企業、専門家にインタビューを行った。

　第1では、明治時代以来の古い社歴を持つ企業でありながら先進的なデジタルガバナンス体制構築が高く評価されている三井物産がいかにしてDX戦略を策定し、実践しているか、それを支える人材育成をどのように行っているかを、施策の立案・実行に関わったデジタル総合戦略部長真野雄司氏に伺った。

　第2では、携帯電話をはじめとした既存の通信業から顧客にデジタル施策のソリューションを提供する事業を発展させるというDXの見本のような変革を果たしたソフトバンクが、どのような経緯で変革を企画・実践したのかについて、データ基盤戦略本部アーキテクチャ推進室長宮山慎介氏に伺った。

　第3では、前章で見たようにデジタルガバナンスは一面で自社の知的財産のガバナンスでもあることから、企業がデジタルに関する知的財産・無形資産の獲得・保護を行っていくためのガバナンスの考え方、実践方法について、我が国における知財戦略策定の第一人者である正林国際特許商標事務所代表弁理士正林真之氏に伺った。

　第4では、以上のようなインタビューと前章の公的指針の動向などをふまえ、著者の児島・澁谷で企業が実践すべきデジタルガバナンスの在り方について対談形式で検討した。

第 1 デジタル総合戦略の策定・実行
真野 雄司氏
（三井物産 執行役員デジタル総合戦略部長）

1 DX推進のための体制整備

澁谷 貴社は先進的なDXへの取組をなされていますが、これまでどのようにDXを推進されたかについてお伺いします。まずはデジタル総合戦略部長に就任するまでのご経歴についてお教えください。

真野 入社後は化学品部門を中心に歩んだ後、IR部長に就任し投資家対応などのIRを担当した後、2019年にIT推進部長に就任しました。その後、DXとIT部門の組織改革がありデジタル総合戦略部が創設され、同部の部長を務めています。

澁谷 IT推進部ではどのようにDXの体制整備を進めたのですか。

真野 もともとIT・システム担当のCIO（Chief Information Officer）の部署としてのIT推進部が置かれました。2017年に総合商社として初めてCDO（Chief Digital Officer）を置き、2018年2月には経営企画部内にDT（Digital Transformation）チームを置きました。この段階では、基幹システムをいかに維持するかを担当する、いわば守りの役割のIT推進部と、DXが関わる事業を企画しデータサイエンティストも参加して新しいビジネスモデルを作るという攻めの役割のDTチー

ムは仕事内容が全く異なるものとして一緒に仕事をするのは無理ではないかという考え方が主でした。

しかし、DXにより新しいビジネスモデルを作るといっても企画するだけではなく、実装しなければ意味がありません。華々しくDXのビジネスモデルを企画しPOC（Proof Of Concept：概念実証）まで行ったが結局新しいビジネスが開始されず、収益化につながらないということがしばしば見られます。「POC祭り」と揶揄されることもあります。

DX施策を実装するためには「どういうシステムを組むか、クラウドをどうするか、セキュリティはどうするか」というITとシステムマターの問題が必ず付随します。

数年前、長い準備期間と労力とコストをかけて電子マネーのサービスを開始した会社が、開始直後にサイバー攻撃を受けて、結局サービスを取りやめてしまったという事例がありました。

データを活用する画期的なビジネスを開始しても、データが毀損されたり流出したりしては、ビジネスは継続できません。デジタルが関わる新しいサービスを作る場合、最初からセキュリティの担当者にも入ってもらう必要があります。

守りがない攻めは悲惨な結果に終わるリスクがあります。「IT基盤がしっかりしているからこそデジタルの挑戦ができる」のです。「経理処理がしっかりしているからこそ、ビジネスができる」ということと同じです。

そのような問題意識から、2019年にIT推進部長になった時「本気でDXをやるなら実装までしないと意味がない、そのた

めにはDTチームとITチームが一緒にやっていくしかない」と考え、両者の統合プランを経営陣へ上げました。これが取り入れられ、2019年10月に経営企画部内のDTチームとIT推進部を統合した「デジタル総合戦略部」が発足しました。

2020年４月には、CIOとCDOについても同じ人間が務めることにして、CDIO（Chief Digital & Information Officer）に統合しました。現在は米谷副社長が務めています。

各事業部門のシステム群もデジタル総合戦略部へ集約しました。従前、人事総務部は「人事・総務システム群」、CFO統括部は「財経審システム群」、エネルギーや鉄鋼や化学など営業セグメントごとに「営業個別システム群」といったシステムの管掌が各部門へ分かれていました。こうした部門ごとの比較的小さな情報システムについては、システムや業務プロセスが他の事業部門と連携が弱い状態（サイロ化）となる面があったので、デジタル総合戦略部でまとめて引き受け統合しました（組織の変遷について図表２－１参照）。

デジタル総合戦略部がIT・デジタル関連の施策についての司令塔機能を持つので、イメージとしては澁谷さんが関わっておられるデジタル庁の機能に似ているかもしれません。

澁谷 組織でDXを推進するには司令塔機能を持った部署は必須になりますか。

真野 必須だと考えます。各種の施策を実行するにしても、それをリードする部隊がいなければ推進することは不可能です。社長直下とするか、CIOやCDOの直下とするかなどの在り方にバリエーションはあり得ます。

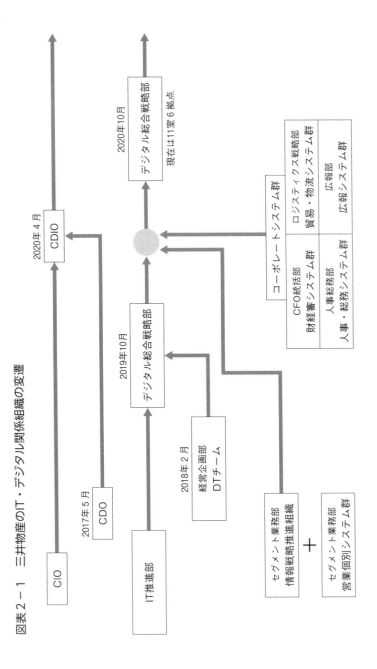

図表2-1　三井物産のIT・デジタル関係組織の変遷

42

澁谷 上場企業でも三井物産ほど規模が大きくない会社で、管理部門のリソースが少ない会社ですと、CIOやCDOをCFOや管理本部長が兼務している会社も少なくありません。そのような場合でもDX推進はうまくできますか。

真野 CIOやCDOを管理本部長が兼務しているからといって直ちにDX推進ができないということにはなりません。

　要はその兼務のCIOやCDOに「知識と意識」があるかが重要です。「知識と意識」が十分にあれば兼務でエネルギーが50％しか使えないとしてもDXの推進ができないということはありません。知識も意識もない単なるお飾りのCIOやCDOでは何も進まないことになります。

澁谷 DX推進のために組織変革を検討・決定するのに社内ではどのような議論をしたのですか。

真野 2019年の統合よりもずっと前からIT部門の扱いについて議論がありました。

　2009年には経営会議の下にCIO、CFO、CHROなどC-Suiteを務める者、事業本部長、経営企画部長、人事総務部長などを委員とした「情報戦略委員会」が置かれていました。当時私は経営企画部にいてこの委員会も担当していました。委員会では「経営陣はIT施策に関心がないのではないか」「IT部門も問題や施策を経営へ諮ることに消極的ではないか」「IT部門は経営戦略を実行のために存在するのだから経営と表裏一体になる必要がある」といった問題意識が議論されていました。

　その後も「そもそもITとデジタルとでは仕事内容が異な

り、人材のカラーも異なるため、一緒に仕事はできないだろう、お互い一緒に仕事をしたくないのではないか」「IT部門は営業から距離もあるし、守りの役割であって、攻めのDXを担当させても失敗するのではないか」といった意見がありました。他方で「DX推進にはIT部門の知見、スキルが必要である」という意見もありました。

　そのように社内で議論は積み重ねられていたのですが、2019年に私がIT推進部長となったタイミングで「今後、三井物産としてデジタル施策をますます重視していく以上、施策を実装していくためにはIT推進部と経営企画部のDTチームの統合が絶対に必要である」と説得して、情報戦略委員会全員の了承を得て経営会議にも上げ、社長と会長からも承認を得て2019年10月に統合を実現しました。

　当社のような規模の会社では、このような組織変革についていきなり経営会議に上げるのは難しいため、情報戦略委員会で十分な議論を積み重ねられたことが良かったと考えています（現在の情報戦略委員会の位置付けについて図表2－2参照）。

2　DX総合戦略の策定

澁谷　デジタル総合戦略部発足後、最初にどのような施策に取り組まれましたか。

真野　2020年4月にスタートして、部署内で「DXを推進する意識はあるが軸がないのではないか、背骨になる思想が必要

図表2-2 三井物産・情報戦略委員会の位置付け

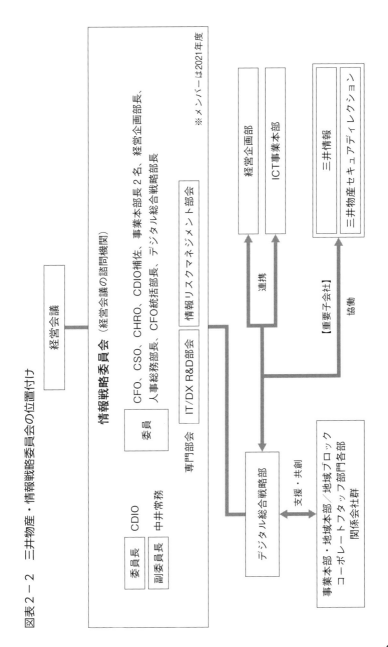

なのではないか」という意見が強まりました。当時、2020年の4月から2023年3月までの中期経営計画は既に進行していましたが、次の中計策定まで待っている暇もないだろうということで、デジタル総合戦略部が中心となって経営企画部も巻き込んで半年かけて2020年10月に「DX総合戦略」を取りまとめました。

　「DX総合戦略」は「DX人材戦略」「DX事業戦略」「DD（Data Driven）経営戦略」の3つに分かれています（図表2－3参照）。

澁谷　「DX事業戦略」について教えてください。

真野　「DX事業戦略」は攻めの戦略で「どうやって新しいビジネスモデルを作ることができるか、いまあるビジネスを強くできるか」という観点から「リアル（Operational Technology）×DX」を掲げています。

　私たちの考えは、「本来、DXのうち重要なのはXの部分である」「Digital TransformationというよりもむしろBusiness Transformation with Digitalと考えるべきである」という発想です。その上で「Digitalを武器にした主体的な事業経営」「Digitalによる社会課題の産業的解決」「徹底的なエンドユーザー起点」を掲げています。

　特に総合商社は「どうやって原油を押さえるか」といったサプライヤー視点に立ちがちであった点を「エンドユーザー視点」へ切り替えるには徹底した取組が必要だと考えたものです。

澁谷　「DD経営戦略」はどのようなものですか。

図表2-3 三井物産の「DX事業戦略」「DD経営戦略」

三井物産におけるDX総合戦略のVision骨子

Business Transformation & Innovation with Digital

DX事業戦略

◆リアル（Operational Technology）×DX
◆Digitalを武器にした主体的な事業経営
◆Digitalによる社会課題の産業的解決
◆徹底的なエンドユーザー起点

DD経営戦略
~人とデータの三井へ~

◆データによる迅速かつ正確な意思決定
◆データの共有・活用によるプロセス改善
◆データは見るものではなく使うもの
◆データは会社の資産

DX人材戦略

◆DXを標準装備とした次世代型経営人材を輩出
◆DXによる絶え間ない革新を当社の企業文化として定着

三井物産におけるDX総合戦略のVision骨子

Business Transformation & Innovation with Digital

③ DX事業戦略

◆リアル（Operational Technology）×DX
◆Digitalを武器にした主体的な事業経営
◆Digitalによる社会課題の産業的解決
◆徹底的なエンドユーザー起点

② DD経営戦略
~人とデータの三井へ~

◆データによる迅速かつ正確な意思決定
◆データの共有・活用によるプロセス改善
◆データは見るものではなく使うもの
◆データは会社の資産

DX事業戦略、DD経営戦略共通

◆DXを標準装備とした次世代型経営人材を輩出
◆DXによる絶え間ない革新を当社の企業文化として定着

真野　「DD経営戦略」は経営においてデータを徹底して活用していく戦略です。

　三井グループは「人の三井」と言われることがありますが、「人とデータの三井」への変革を目指すこととしています。

　総合商社では伝統的に「勘、経験、度胸（KKD）が大事」と言われてきましたが、これからはそこに「データ」を入れていくという意味で「データによる迅速かつ正確な意思決定」を掲げています。

　「データの共有・活用によるプロセス改善」という理念も掲げています。事業で得た「データは会社の資産」ですが、当社のような大規模な会社では部門ごとに秘蔵・死蔵されてしまうことがしばしばあります。しかし、「この顧客に対してどういった営業活動をしているか」という部署ごとに保有している営業関係の情報などは他の部署にとっても有益です。もちろんインサイダー情報など共有を制限しなければならない情報もあります。

　これまで、原則として共有せず例外的に共有するという発想になっていたものを逆転して、原則共有することにして、インサイダー情報など共有を制限する必要のあるものについて例外的に制限するという発想の転換を求めています。

　そのほかデータは利用シーンまでイメージして取得すべきという「データは見るものではなく使うもの」という理念も掲げています。

澁谷　「人の三井」というコンセプトへ「データ」と加えるこ

とについてはどのような議論がありましたか。

真野　当社は明治時代の旧三井物産の創業から人材をtop of topsの重要事項として考えてきました。DX総合戦略を実のあるものにしていくためには「人とデータの三井」と掲げていく覚悟が必要と考え、経営会議まで上げて承認を得ました。

児島　江戸時代に、三井グループの祖である三井高利が呉服屋に来たお客さんにただで傘を貸し出し、傘には1つずつ連番が付されて管理され、これが「番傘」の語源になったと聞いたことがあります。傘を無料で貸し出すことは、突然の雨に困ったお客様には一番喜ばれるサービスですが、さらに、傘を貸した後のお客様の返却の有無や時期などの情報をその連番でモニタリングして、本業の掛け売りの際に活用していたとすれば、三井グループは創業時からデータの重要性に着目していたとも言えますか。

真野　良いお話をありがとうございます。確かに、その後の三野村利左衛門、益田孝といった人たちもデータを取ることに長けていたようです。

澁谷　日本経済新聞も最初は旧三井物産の情報部門だったと聞いたことがあります。

真野　当初は「中外物価新報」という名前でした。総合商社は戦前から海外の市場のデータを集めることが必須でした。

3 DX総合戦略実行の成果

澁谷 「DX事業戦略」「DD経営戦略」を実行したことによる具体的な成果にはどのようなものがありますか。

真野 例えば、当社はIHHという東南アジア最大の病院グループの筆頭株主ですが「patient experience（患者の体験）」を高めるデータ活用を行っています。IHHの医療データは数か国にまたがる膨大なものでセンシティブ情報にもなりますが、匿名加工を行って活用し、Ａ国で得られたデータをもとにＢ国の医療サービスを改善するといった施策を実行しています。病院事業以外にも、創薬、予防、未病ケア領域、保険の効率化といった方向へも事業化を行っている途上にあります（図表2－4参照）。

澁谷 この事業を進める上でどのような課題を解決したのですか。

真野 データに関するルールが国ごとに違っているため、相互連携が難しい状況（サイロ化）にありました。対象となる全ての国のデータに関するルールを理解し、個人情報保護をした上で、暗号のままデータ処理するなどの対応が必要でした。

澁谷 ほかにはどのような事業で「DX事業戦略」「DD経営戦略」を実行していますか。

真野 例えばCO_2排出権の「森林J-クレジット創出」の事業があります。

図表 2 - 4 　三井物産の医療データ活用事例

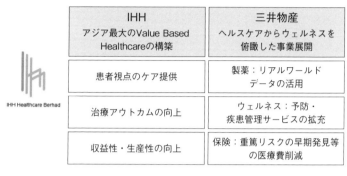

アジア最大のウェルネスサービスプラットフォーム

　日本の私企業の所有する森林面積は、1位王子製紙、2位日本製紙、3位住友林業で4位が三井物産です。

　森林は年間数億円の維持費がかかる一方で林業はなかなか収益化できないという課題がありました。これを売却したり伐採したりということではなく、CO_2排出権を生み出すものとして資産化することを考えました。

　排出権を認定する「J-クレジット制度」は農林水産省と環境省と経済産業省が所管しています。同制度上、排出権であるJ-クレジットの認証を受けるためには森林の木の高さなどを実測、つまり、人が森林に立ち入って目視で測らなければならないとされていました。森林には傾斜地や丘陵もあり、

人による実測には多大なコストがかかるという課題がありました。

　またセスナを飛ばして電波反射を用いた航空測量によることでも90％以上の精度で測定し、データを取得できることも分かっていました（図表2－5参照）。

　当社がプロジェクトを開始した当時は、J-クレジット委員会は「実測でなければ認証しない」というスタンスを維持していましたが、専門家の学者の先生の意見書も取り、説得を続けたところ、2021年8月に航空測量によっても排出権が認められることになりました。

　そこでまずは当社の社有林で測定を開始し、取得したデー

図表2－5　三井物産の森林J-クレジット創出事例

森林J-クレジット創出（GHG削減への貢献）
◆社有林において、航空測量データを用いたCO₂吸収量の可視化、大規模なクレジット創出に着手（最大12万トン）
◆国内森林所有者への知見展開を開始、持続可能な森林経営の実現に向け、クレジット創出の効率化・最大化を図る

タをもとに申請を行いJ-クレジットを取得していきました。

　この手法は当社保有の森林以外でも使用できますので、岡山県の公有林のJ-クレジット創出の入札に参加し、当社が応札しました。J-クレジットが認められた場合にそのうちの一部を報酬として受け取る契約になっています。

4　デジタル総合戦略部の組織・機能

澁谷　既存の各種事業をデジタル化していくアイディアは、デジタル総合戦略部が事業部へ提案するのですか、事業部からデジタル総合戦略部へ相談するのですか。

真野　両方のパターンがあるので、デジタル総合戦略部の組織と併せて説明します。戦略部は「フロント」「COE」「組織マネジメント」「海外」の4つに分かれています（図表2－6参照）。

　「フロント」は化学、エネルギー、ヘルスケアなど16の事業本部に対応した組織で3つの室から成り立っています。

　「COE（Center Of Excellence）」は、約定・決算・物流に関わる「コーポレートDX1室」、サイバーセキュリティに関わる「デジタルインフラ室」など機能軸による専門組織から成り立っています。

　「組織マネジメント」は、人材に関わる「DX人材開発室」、企画や内部統制や広報などに関わる「戦略企画室」から成り立っています。

　「海外」は、ニューヨーク、ロンドン、サンパウロ、上海

図表2−6　デジタル総合戦略部の組織図

◆フロント：
　16事業本部対応組織
◆COE：
　機能軸による専門組織
◆組織マネジメント：
　DX組織全体のマネジ
　メント機能
◆海外：
　2地域本部・4ブロッ
　ク対応組織

| DX1室 金属 化学品 | DX2室 エネルギー 機械・インフラ CD | DX3室 食料・流通 ヘルスケア ICT | フロント |

他組織との距離
専門性の高度化
海外組織の拡充
「連携」
柔軟でフラットな
組織

デジタルテクノロジー戦略室
データドリブン経営戦略室
コーポレートDX1室（約定・決算・物流系）
コーポレートDX2室（非財務系）
デジタルインフラ室（ネットワーク・サイバーセキュリティ）
ユーザーエクスペリエンス改革室（UX/UI）

COE
(Center
Of Excel-
lence)

DX人材開発室（DX人材管理・人材育成）
戦略企画室（企画・情報リスク・内部統制・広報）

組織マネ
ジメント

New York｜Sao Paulo｜London｜Dubai｜Singapore｜上海　海外

　など海外の2地域本部・4ブロックに対応する組織としてい
ます。

　2020年4月のデジタル総合戦略部発足段階では9室でした
が、その後「データドリブン経営戦略室」「DX人材開発室」
を加えました。

　これら全部で11の室があり、東京本店に約160人、海外を
入れて約260人の人員がいます。

　「フロント」は事業部門と常に密にやり取りをしています
ので、常に新しいデジタルが関わるビジネス、関係会社で起
こったデジタルに関わる事項、M&Aの際に行ったデジタ
ル・デューディリジェンスといった情報に触れていて、事業
部門のデジタル・IT面の課題解決に協力をしています。いわ

ば「町医者」のようなイメージです。

これに対し「COE」は、事業部門の課題について、より専門的なテクノロジーが必要になったときに対応します。いわば「大学病院」のようなイメージです。

先ほど、システムの側面から、各部門の比較的小さなシステムが他の事業部門と連携が弱い状態（サイロ化）となる面があったため、デジタル総合戦略部でまとめて統合したと説明しましたが、人の側面からも、各事業部門のITシステム担当、デジタル担当をデジタル総合戦略部の「フロント」へ吸収しました。

各事業本部は「ITシステム担当、デジタル担当を自分たちの部署内にも置きたいが、自分たちでは教育できない。人を送るから経験を積ませてほしい」というニーズがありました。

各事業本部からデジタル総合戦略部の「フロント」へ異動した人材は「フロント」で自分の親元の事業本部のIT・デジタルに関する業務を行うことになり、「フロント」を2年経験して親元の事業本部に戻ることも想定されるので「人手を取られた！」ということにもなりません。

その上で「フロント」に配属された人は親元の事業本部とも仕事する一方、デジタル総合戦略部で他の部門のフロントやCOEと横のつながりができ、より連携できるようになります。

従前総合商社は「縦割りだ」「一度イカ・タコ担当に配属されると一生イカ・タコ担当だ」と言われてきましたが、他

の総合商社に比べれば三井物産はまだ垣根が低い方でした。事業部門と「フロント」の関係を作ることで、「食料部門が推進したIT・デジタル施策が優れているから、化学品部門でも実施しても良いのではないか」という発想ができるようになりました。

　また、当社も以前は社員のデスクは固定席でしたが、近年フリーアドレスに変わりました。フリーアドレスですが、ある程度部署ごとの「領域」ができて、デジタル総合戦略部はだいたいこの辺りに座っている、法務部はだいたいこの辺りに座っている、というのはフリーアドレスを採用したどこの会社でもあるかと思います。

　「フロント」の社員は、所属はデジタル総合戦略部ですが、各事業本部側の領域に座って執務していることも多いです。1日の半分は事業本部側に座っていて、もう半分はデジタル総合戦略部の領域に座っているということもあります。

　各事業本部とのつながりだけではなく、「コーポレートDX1室」であればCFO部門から情報が入り、「コーポレートDX2室」であればサステナビリティ関係の情報が入ってくるといったことがあります。

　私はデジタル総合戦略部について「コミュニケーションハブであり、コラボレーションハブでもある」と言っていて、「情報は囲い込まず共有すべし」ということを徹底するようにしています。

5 DX人材の育成

澁谷 そういったDXに関する体制整備、連携強化、戦略策定・実行を支える人材を育成・確保するためにどのような取組をされていますでしょうか。

真野 先ほど述べたように事業部門とデジタル総合戦略部の「フロント」が一緒に活動することでDX総合戦略のための意識改革が全社で進みました。各事業部門の社員からしますと、これまでは「IT、デジタルは俺たちの仕事じゃない」となりがちでしたが、16の事業本部全てが自分たちの問題として捉えるようになってきました。

　従来以上に多くの社員が何らかのデジタルに関わることになるため、当社のDXを担う人材を「ビジネス人材」「DXビジネス人材」「DX技術人材」の３つに分類することとしました（図表２－７参照）。

　「ａ　ビジネス人材」は、従前からの当社のビジネスに対するナレッジ、スキル、経験を持つ事業本部、コーポレート（管理部門）などの人材です。全社DX教育の対象となり、当社のIT、システム、デジタルについての「スーパーユーザ」となってもらうことを想定しています。この教育を経た人材を「ａ＋」としています。

　他方「ｃ　DX技術人材」はデータサイエンティストなどハイレベルなDX技術提供をでき、デジタル総合戦略部やIT・デジタル関係のグループ会社などに所属する専門人材で

図表 2-7 三井物産のDX人材タイプ分類

◆ビジネス×デジタルスキルのマップ

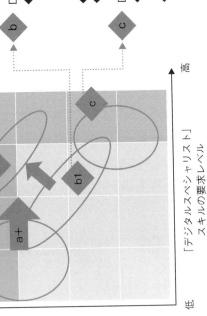

◆三井物産のDXを担う人材タイプの分類

a
ビジネス人材
●業界OT（ナレッジ・スキル・経験）を持つ人
●所属先：事業本部、コーポレート
●全社DX基本教育による底上げ・スーパーユーザ育成
（a+化）

b
DXビジネス人材
●ビジネスとデジタルのどちらにも精通し、
ビジネスモデルやサービスの全体設計ができ、
消費者・顧客のニーズを理解してアイディアを生み出
せる人
●所属先：デジ総／ICT／各事業本部
●育成目標：グローバル100人（3年以内に内製化）

c
DX技術人材
●ハイレベルなDX技術提供ができる人
（データサイエンス、セキュリティー、UIUX等）
●所属先：デジ総／グループ会社（MKI/MBSD）／
出資先DX企業／外部DXベンダー
（*）データサイエンティストは一定数内製化していく

58

す。

　この中間に位置付けられる「b　DXビジネス人材」は、ビジネスとデジタルのどちらにも精通し、ビジネスモデルやサービスの全体設計ができ、消費者／顧客のニーズを理解してアイディアを生み出せる人材です。デジタル総合戦略部だけでなく、各事業本部にも確保していくことを想定しています。

　データサイエンティストなどの「DX技術人材」は入社いただくに越したことはありませんが、一定程度外注することも考えられます。他方、「DXビジネス人材」は外注できない人材であり、徹底的に増やしていくことを考えています。グローバルで100人を3年以内に内製化することを目標にしています。

　「b　DXビジネス人材」の中でも人材認定ランクがあり、「b1」「b1スペシャリスト」「b1 カデット（士官候補生)」「b2」があります。

澁谷　そういった人材を育成する制度としてどのようなものを採用されているのでしょうか。

真野　「Mitsui DX academy」という教育制度、「DX人材認定制度」を整備しています。

　「Mitsui DX academy」は「DXスキル研修」「ブートキャンプ」「Executive Education」に分かれています（図表2-8参照)。

　「DXスキル研修」の「基礎Ⅰ」では、社内で作成した教材に基づき、社長から新入社員まで4万4,000人の必修として

図表2-8　Mitsui DX academyのプログラム

DXスキル研修　基礎Ⅰ	◆国内全役職員修了 ◆海外点・関係会社展開中
DXスキル研修 基礎Ⅱ・応用Ⅰ／Ⅱ	◆基礎Ⅱ　全役職員推奨（a＋人材要件） ◆応用Ⅰ／Ⅱ　選択制（b人材要件）
ブートキャンプ	◆第1期15名実施中 ◆1年半で2〜3件のプロジェクトを実行
Executive Education	◆短期：DX海外短期派遣プログラム ◆中期：グローバル経営者養成プログラムDX 　コース

います。その上で、強く推奨としている「基礎Ⅱ」を修了することが、DX人材認定制度上「a+」の「ビジネス人材」とされるための要件となります。基礎Ⅱは社外プログラムを使っており、Udemy社が提供するプログラムの中からデジタル総合戦略部で推奨する講座を受講してもらっています。

　それ以降は希望者向けとなりますが、同じくUdemy社のプログラムを中心に活用する「応用Ⅰ／Ⅱ（選択制)」があり、これを修了することがDX人材認定制度上「b　DXビジネス人材」とされるための前提要件となります。

　「ブートキャンプ」は、選抜された社員に1年半で2〜3件のDXに関する実プロジェクトに参加してもらうものです。第1期は15名に参加してもらっています。この「ブートキャンプ」を修了した社員は「DXビジネス人材」の認定に応募することができるようになります。

　「Executive Education」は、MBAのDX版のようなもの

で、DX海外短期派遣プログラム、グローバル経営者養成プログラムDXコースに参加してもらうなどします。

澁谷 「ブートキャンプ」で参加することになるプロジェクトは事業本部が行っているプロジェクトなのでしょうか。

真野 デジタル総合戦略部が募集することも、事業本部側で募集することもあります。先ほどご説明した森林J-クレジット創出のプロジェクトは事業本部側で実施しますが、デジタル総合戦略部も一緒になって実行しているプロジェクトです。

澁谷 DX人材認定制度で認定を受けた社員の方は処遇が上がるといったことがあるのでしょうか。

真野 認定されたから昇給するということはありませんが、認定を受けたことが人事台帳に記載されることとなり、デジタル関係のプロジェクト、部署などに登用されやすくなり、キャリアの選択肢が広がるという効果があります。

　Mitsui DX academyやDX人材認定制度を全社的に周知した結果、全社から応募がありました。

　副次的効果として、デジタル総合戦略部として認知していなかったDX人材が社内、グループ内にいたことが発見されたこともありました。

　当社にはたくさんの関連会社がありますが、透析機器関係の関連会社で若い社員が透析を受けている患者さんのデータを一覧にして分析にかけ、ハイリスクな方、そうでない方に分類した統計結果を作成し、治療計画に反映するという優れたデータの取扱いをしていたことが分かりました。そういった、従来であればグループ全体としては見逃されやすかった

功績ある人材が抜擢されやすくなるという点でもMitsui DX academyやDX人材認定制度の効果が出ています。

　これらの制度については、人事総務部門とも協力して制度構築・運営を行っています。

6　DX人材の採用

澁谷　DX人材の採用についてはどのような施策を実施されていますでしょうか。

真野　新卒については「DXインターン」というDX関連に特化したビジネスコンテストをやってもらうインターンを実施しています。2021年３月には110名のエントリーがあり、29名が参加しました。伝統的な商社パーソンといいますと大学の体育会系みたいなイメージがあるかもしれませんが、このインターンにはマスター（修士課程）やドクター（博士課程）でデータの勉強をした学生など今まで三井物産に来なかった人材が参加してくれていました。

　DX人材のキャリア採用、海外採用も増やしており、アジアや南米からも応募があります。

　三井物産が積極的にDXを推進しているという広報・ブランディングを行っていることもあり、メディアでも取り上げられ、DX人材が集まってくるという好循環が生じています。

7　DX人材の内製化

澁谷　先ほど「DXビジネス人材」については積極的な内製化
を進め、「DX技術人材」についても一定数内製化していくと
のお話がありましたが、外注ではなく、内製化を重視されて
いるのはどういった理由からでしょうか。

真野　内製化の最大のメリットはスピードです。外注の場合、
引き合い、RFI（Request For Information：情報提供依頼書）、
RFP（Request For Proposal：提案依頼書）、審査、契約交渉、
落とし込み、これだけで３か月はかかります。人材が内製化
されていれば、プロジェクト１日目から集まって開始できま
す。

　また、現在の複雑化したビジネス環境下では、デジタル関
連のビジネスのためにシステム開発を進めるにしても、最初
からどういう開発をすれば良いかが全て分かっているわけで
はありません。最初から完成品とするのではなくまずは最小
限から始めるMVP（Minimum Viable Product）が求められ
ることも多いです。そのため、段階的に開発を進めていくア
ジャイル開発にならざるを得ない面があります。全体設計が
未定のものを外部業者に発注するのは無理があります。状況
を見ながら臨機応変に段階的にアジャイル開発のサイクルを
回していくことができる会社になることもDXの１つだと考
えますと、DX人材が内製化されている必要があります。

　私の意見では、日米の企業のデジタル化の圧倒的な差は、

デジタル人材の内製：外注比率がアメリカは７：３、日本は
３：７であるとも言われていることに原因があると考えてい
ます。

　解雇が比較的容易で転職市場も発達したアメリカと異な
り、日本は終身雇用制の慣行、労働法制上の厳しい解雇規制
があることから正社員を大量には増やせない。その結果、
IT・システムについてシステム・インテグレーターへ外注す
る。悪く言うと丸投げする。

　その結果、ユーザー側の企業には知見が蓄積されない、と
いう悪循環になっています。

　そのほかの日米の違いとして、日本では「賃上げ」と言い
ますが、アメリカでは待遇の上昇はスキルを上げて自分で獲
得するものであって、誰かが上げてくれるものではありませ
ん。

　また、日本は終身雇用制がある結果、定年制もあります
が、60歳など年限に達すれば、どんなに元気でも優秀でも一
斉に刈り取られることとなります。

　これらの日本の慣行や仕組みが社会の競争力を下げている
ように思います。

澁谷　DX人材を内製化しようとした場合に希少な人材である
ため奪い合いになってなかなか採用できないという企業も多
くあります。この点、企業の話ではありませんが、デジタル
庁は2021年９月の発足に際して、従来の省庁と異なり、IT企
業出身者などを中心に約３分の１を民間から採用していま
す。民間出身人材は常勤の方もいますが、非常勤で週２日は

デジタル庁、週3日は本業のIT企業勤務という方もいます。常勤のDX人材を採用することが難しい企業が、副業的な非常勤の人材を採用することも内製化となりますでしょうか。

真野 フルコミットでなくても内製化はできると思います。そのほか、グループ会社において「準内製化」する方法もありますし、フリーランスの方々に内製の一部としてお願いしていくという方法もあります。

児島 これまで「外注が効率的だ」という流れがあった中で、内製化は見直されてきているのでしょうか。

真野 だいぶ浸透してきたと思います。

8 ベンチャー企業との連携

澁谷 内製化を重視されている一方で、DX関連の技術を持ったベンチャー企業との連携なども行われていますでしょうか。

真野 従前、三井物産は大企業と付き合うことが多かったです。ベンチャーとは文化が合いにくいという時期もありました。しかしだんだん変わってきています。例えば、AI開発のPreferred Networksとは合弁で複数の企業を設立したり、先ほど述べたDXインターンを支援していただいたりしています。

9　DX推進の社内への浸透の課題

澁谷　DX戦略、施策を社内へ浸透させていく上でどういった課題がありましたか。

真野　社員に意識変革をしてもらうときに、経営陣や若い社員は早いのです。他方、どこの企業も同じかもしれませんが、室長〜部長などの中間層の意識改革に課題がありました。

　一般的に言って、事業環境が大きく変化した際に勉強をして自分を変えて対応力を高める人と、勉強をしないで変化に対応できない人がいます。先ほど述べたような日本の労働法制の結果として、変化に対応できなくとも解雇もされなければ給料も下がらない。そのような結果、日本人はリスキルが不得意になってしまいました。

　アメリカのように、リスキルしなければクビになる、あるいは、リスキルすれば給料が上がるということになれば皆がリスキルに取り組むようになると思います。

　スイスの国際経営開発研究所（IMD）の「世界デジタル競争力ランキング2022」（同研究所サイト：https://www.imd.org/centers/world-competitiveness-center/rankings/world-digital-competitiveness）にて、日本は前年の28位から29位に順位を下げています。1位デンマーク、2位アメリカ、韓国8位、台湾11位、中国17位で、アイルランドの24位やスペインの28位にも負けています。

　日本が29位になったことの内訳を見ると、日本は、Pupil-teacher ratio（tertiary education）（高等教育機関での生徒・教師比率）は 1 位、Wireless broadband（無線高速通信）は 2 位、Robots in Education and R&D（教育、研究開発におけるロボット化）は 4 位など高順位を取っている項目もあります。

　しかし、Digital/Technological Skills（デジタル・技術スキル）は63か国中62位です。まさに日本人がリスキルに成功していないことを示していると言えます。

　なお、Agility of companies（企業の敏捷性）とビッグデータの使用と分析は最下位の63位でした。

澁谷　意識改革が進みにくい層に対してはどのように意識改革を促されているのでしょうか。

真野　1つには危機感を持ってもらうために「あと数年後には、義務教育でプログラミングを習った新卒社員が毎年入ってきますよ。若い社員もDX人材教育に積極的で、DXを標準装備した社員が多数派になりますよ」と伝えています。

　今はプログラミングができたり、AIを使えたりすると特別な人材であるとなりがちですが、5 年後、10年後となると多数の人がプログラミングをすることができ、AIを使えるようになる。AIの民主化が進み、ある意味でAIが今のExcelのような位置付けになるのではないでしょうか。

　1980年代であれば「表計算ができる」というと何かすごいことができる人材と思われていた。しかし、2000年代以降は普通の会社員がExcelを使って普通に仕事をしている。Excelを使わなければ会社の業務は回らないという状態に

なっています。

あるいは、1990年代から2000年代初めくらいまでのMBA
華やかなりし頃のファイナンスにも似ているかもしれませ
ん。その頃は「BS、PLだけでなくキャッシュフローだ」と
いうと何かすごい専門家のようであったものが、今では
キャッシュフローを意識しなければ経営などできないという
ように常識化しています。

また、経営陣の勉強が進むと話が早くなることがありま
す。

経営陣が「私は勉強をした。社長・副社長クラスでも研修
を履修している。では本部長は？」、本部長が「私は勉強し
た、では部長は？」とどんどんウォーターフォールしていく
ということがあるのです。

定量化した上で部署ごとに競ってもらうというのも有効で
す。

部署ごとの研修履修率を社内公表して「見える化」する。
そうすると「うちの部署は他部署に比べてDX化の進捗が遅
いな」ということで危機感を持ちスピードアップにつながり
ます。

澁谷　DXへの取組度合いの評価を役員報酬や従業員給与へ反
映するということもあるのでしょうか。

真野　直接的に報酬や給与へ反映するということはしていませ
ん。

ただ、本部長や部長が部下を評価する際に評価要素の一環
として考慮しているケースはあるかもしれません。

　いずれにしても重要なのは「見える化」だと考えています
す。「見える化」されたDX取組度合いをどう評価に使うかは
バラエティがあっていい。評価に考慮され得る状態にしてお
くことが重要であるという発想です。

10　DX推進施策のIR・開示

澁谷　真野さんはデジタル総合戦略部の前身であるIT推進部の
　部長に就任される前、私が初めてお会いした頃はIR部長を務
　められていたのですが、DX推進の施策を株主・投資家へ説
　明していくIR・開示の側面についてはどのようにお考えで
　しょうか。

真野　当社の統合報告書の作成はIR部が所管していますが、
　DXに関わる部分の大半はデジタル総合戦略部で作成してい
　ます。

澁谷　DX推進施策に興味を持つ機関投資家にはどのような会
　社があるのでしょうか。

真野　まだ当社に投資をしていない新規の投資家に対しては
　DX推進施策というよりも、まず三井物産とはどういう会社
　か、というところから入ります。

　他方、既に当社に投資をしている投資家には、国内機関投
　資家、海外ではイギリス、アメリカ、香港、シンガポールと
　いった地域の投資家が主にいますが、DX推進施策に対する
　関心は高いです。

　資源価格の動向はどうか、事業全体のポートフォリオはど

うかといった話と併せて、イノベーション、デジタル活用などについても問われます。

　実際、機関投資家からDXに関わる質問が来ることが増えています。「DX施策としてどういう取組をしているのか」「その取組はどう利益に結び付くのか」「実行したDX施策はどういう成果が上がっているのか」「DX施策は成長力につながっているのか」といった質問が寄せられています。

　取組を開示するだけ、POC（概念実証）を行っていることを説明するだけでは機関投資家は納得してくれません。DX施策がどう利益、企業価値につながっているかを説明していく必要があります。

　投資家の側に立ってみると「こういう施策をやっている」とだけ説明されても困るということになります。DXといったときに、PDCAでいうところのD（Do：施策の実行）ばかり発信しているではないか、重要なのは実行の結果、何をして、結果がどうなって、どう変えたのかというC（Check）、A（Act）ではないかと問われます。どう事業戦略につながり、企業価値向上にどうつながったのかという点が重要です。

　そのため、当社では、DX総合戦略を策定しているが、DXの先に事業戦略がある、事業でデータをどう利用しているかといったところまで説明するようにしています。

　病院ビジネスにおいて患者のデータを治療に使う、創薬に使う、未病領域でAIを使う、それによりこのようにバリューを増やし、さらに成長を狙っているという説明をします。

投資家は、定量データによる説明を欲しがりますので。

澁谷 DX推進施策の財務へのインパクトについてもご説明されるのでしょうか。

真野 当社も資源ビジネスその他の既存の事業の規模が非常に大きいため、DXだけでは財務諸表上のインパクトがそこまであるわけではありません。ただ、既存ビジネスの収益向上策の1つとして投資家から着目されます。

澁谷 攻めのDXだけでなく、守りのITシステム関係の点についても機関投資家が興味を持つことはありますでしょうか。

真野 守りについてはサイバーセキュリティ、リスクマネジメントがよくディスカッションになります。どうリスクを考えて、どう防御しているかが問われます。投資家に対するIRを行う社長をはじめとした経営陣、IR部にも当社がどのようなセキュリティ施策を行っているかを話ができるようになってもらっています。具体的には、情報戦略委員会での報告、経営会議、そして取締役会への報告などで知ってもらっています。取締役会ではセキュリティの点について社外取締役からもかなり質問が出ています。

聞き手：弁護士　児島　幸良　　弁護士　澁谷　展由

第 **2**
DXソリューション事業の立上げと実践
宮山　慎介氏
（ソフトバンク IT-OTイノベーション本部CoE統括部テクニカルマネジメント部部長）

1　通信キャリア事業にITソリューション事業を追加していった経緯

澁谷　本日は、通信事業という既存事業をもとにしつつ、顧客企業へDX化推進のためにITソリューションを提供する事業を生み出すという変革を成し遂げたソフトバンクにおいてIoTなどの事業を統括する部署で部長を務められている宮山慎介さんにお話を伺います。まずはキャリアとどのような経緯で現在の業務に携わることになったか教えてください。

宮山　大学の理工学部を卒業し、2002年４月J-フォンに入社しました。ちょうど携帯電話が普及し始めた時期で3Gの立上げに関わりました。入社半年後にイギリス企業のボーダフォンに会社が買収されました。

　ボーダフォンになった後も3Gの立上げや基地局拡大に関わる業務を担当しました。NTTドコモの携帯電話ではWEBコンテンツに「ｉモード」があり、J-フォン、ボーダフォンでは「Ｊスカイ」がありました。ユーザーがデータサービスを問題なく利用できるか検証し、ストリーミング動画やメー

ルに写真を添付するシステムなどサービスのシステムを企画
し設計する業務を担当しました。その後2006年にソフトバン
クがボーダフォンを買収しました。

　通信業界では2007年のiPhone発売の影響は非常に大き
かったです。

　日本ではソフトバンクが最初にiPhoneを販売したので、
ガラケー用のネットワークのシステムをiPhone端末に特化
した機能を使えるように改修する、サービス品質を担保する
仕組みを作るなどの業務も担当しました。

澁谷　通信会社であったソフトバンクがデジタル化を推進しよ
うとする企業へIoTやデジタル関係のソリューションを提供
する事業を行うようになった経緯はどのようなものでした
か。

宮山　携帯電話料金の値下げもあり、通信事業の収益性が以前
よりも低くなりました。携帯電話は相当程度普及しているの
に人口は増加しないので、当社としても携帯事業以外のコア
を作っていく必要があります。当社の宮川社長も携帯キャリ
ア以上になっていくという意味でbeyond carrierと言いま
した。当社はグループでIoT企業であるイギリスのARM社を
買収し、ITで生活をより良くしていくというコンセプトで
DXソリューション事業を立ち上げています。

2　ソフトバンクが顧客に提供するITソリューション

⑴　データ連携基盤

澁谷　経済産業省が策定した「デジタルガバナンス・コード2.0」ではDXの目的を「効率化・省力化を目指したITによる既存ビジネスの改善」「新たな収益につながる既存ビジネスの付加価値向上」「新規デジタルビジネスの創出」という３つに分類しています。顧客企業のこれらの目的を解決するためにソフトバンクではどのようなソリューションを提供していますか。

宮山　「データ連携基盤」（図表２−９参照）の整備・提供に力を入れています。交通データなど公共データと当社が通信会社として有している人流データのような民間データなどを共

図表２−９　データ連携基盤イメージ

出典：ソフトバンク法人事業説明会（2021年６月１日）資料37頁

通の基盤に載せ、小売や物流や医療などの業界で様々に活用できるようなプラットフォーム作りを進めています。

　プラットフォームとソリューション、アプリケーションの間は疎結合とし、特定のソリューション、アプリケーションでの利用に限定されない、拡張性のある設計としています。

澁谷　企業や自治体はデータ連携基盤を利用すると、どのようにDXを進めることになりますか。

宮山　例えば、自治体の防災を例に取ると、これまでは公共部門と民間部門に散在して一元的には入手できなかった様々なデータを、統合された形でデータ連携基盤から迅速に入手することができます。自治体としてこれまで以上に効果的かつ迅速な対策が可能になり、住民に対して取るべき行動を伝達していくことができるようになります（図表2－10参照）。

澁谷　データ連携基盤にはいろいろなプレイヤーが参加するこ

図表2－10　自治体が防災にデータ連携基盤を利用するイメージ

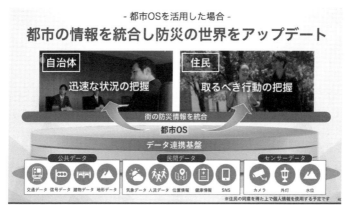

出典：ソフトバンク法人事業説明会（2021年6月1日）資料40頁

とになると思われますが、今はどのような方が参加しています
か。

宮山　当社から声がけしていろいろな企業が集まってコンソー
　　シアムを立ち上げています。デバイスメーカーではクアルコ
　　ム、システムインテグレーターではヒューレットパッカー
　　ド、SCSK、日鉄ソリューション、NECなどが参加していま
　　す。

澁谷　データ連携基盤の構築の際にどのようなことを重視しま
　　すか。

宮山　多数のプレイヤーが基盤上でのサービス開発に参入でき
　　るように、後になって共通利用できるような基盤を最初に作
　　ることが重要です。利用者の認証機能といったどのサービス
　　でも共通に使用すると考えられるものは最初に構築します。
　　そこから位置情報を統計加工できる仕組みを乗せていくよう
　　に進めます。全く何もないところから共通基盤を進めていく
　　と問題が起こりにくいのですが、既に存在する基盤を新しい
　　ものへ移行するというのはいろいろと不具合・不適合が出や
　　すくなる面もあり難しいです。オンプレミスの地方自治体の
　　システム基盤をクラウドへ移行していくのが難しいケースの
　　最たるものです。

⑵　スマートメーター

澁谷　既に活用が進んでいるITソリューションとしてはどのよ
　　うなものがあるのですか。

宮山　当社のITソリューションで初期から多く導入されている

ものとして、ガスメーターや水道メーターなどをインターネットに接続し、そこから得られたデータを活用していただく「スマートメーター向け通信ボード」というソリューションがあります（図表 2 −11参照）。

図表2 −11　LPガススマートメーターの接続イメージ

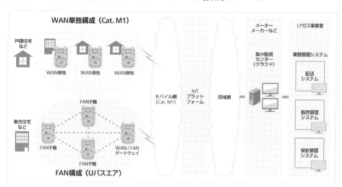

出典：ソフトバンク社ホームページ（https://www.softbank.jp/corp/news/press/sbkk/2019/20190510_01/）より

図表2 −12　通信ボードのイメージ

出典：ソフトバンク社ホームページ（https://www.softbank.jp/corp/news/press/sbkk/2019/20190510_01/）より

これまでガスメーターや水道メーターの検査は担当者の方が各建物を訪問して目視で確認していて、大変なマンパワーでしたが、自動で収集できるようになるものです。

通信できるようにするための通信ボードをガスメーターや水道メーターに取り付けることになります（図表2-12参照）。これは汎用的なもので白物家電に通信ボードを設置して故障の予測検知をし、物流関係でコンテナの位置情報を得て最適な物流を実現できるようにするなどのソリューションにも利用できます。

澁谷 IoTの実例では南米の鉱山で稼働している建機の状況が東京にいながらにして分かるというような小松製作所のインターネットとつながった建機が有名ですが、1から自社開発できなくても、汎用的な通信ボードを取り付ければIoT化が実現できるということですね。

⑶ 「全国うごき統計」と「サキミル」

宮山 当社は通信会社として全国に基地局を持っているので、人流に関するデータを持っています。「全国うごき統計」と名付けています。これを使えばどの駅をどの時間にどのくらいの人が利用しているかが分かります。このビッグデータを活用することで駅の構内の設計の改良計画策定などに使うことができます（図表2-13参照）。

また、どの町のどの地点に、どの曜日、どの時間にどれくらいの人が来るかといったこともビッグデータから分かるので、小売店やスーパーや飲食店などの出店計画、スタッフ配

図表2−13 全国うごき統計によるデータの例

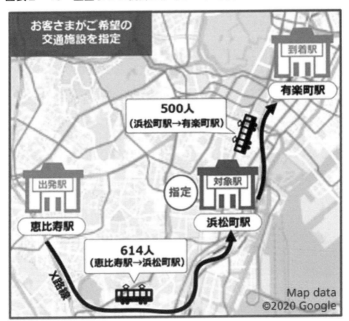

出典：ソフトバンク社ホームページ（https://www.softbank.jp/corp/news/
　　　press/sbkk/2020/20201210_03/）より

　置の効率化、在庫仕入れの最適化に役立てることもできま
す。

　当社が持っている人流情報と気象データを持っている会社
の気象情報を組み合わせることでより精度を高めた「サキミ
ル」というソリューションも1店舗当たり月額数千円といっ
た価格で提供しています。

澁谷　携帯電話利用者の位置情報は2015年改正個人情報保護法
で認められた「匿名加工情報」としての処理をして対応して
いるのですか。

宮山　法律の要件が求める以上に厳格に匿名化しています。

澁谷　2013年にJR東日本がSuicaの利用状況のデータを外部提供するとした時に、法的には問題なく適法であったものの炎上してしまったということがありました。法令遵守だけでなく、レピュテーションリスクまで考えて厳格に対応しているのですね。

　　全国うごき統計やサキミルなどのソリューションはどのような業種の会社が購入するのですか。

宮山　小売や物流のほかデータを用いて提案活動をする建設コンサルタント会社、経営コンサルタント会社などが顧客になることが多いです。ただ、人流情報などは悪用されるリスクもあるため、提供先についての審査基準を設けています。

澁谷　官報の破産者情報を地図アプリとリンクさせた「破産者マップ」を作っていた会社に対して個人情報保護委員会が停止勧告をして閉鎖させたという事件がありました。確かに使い方次第では人権侵害につながるリスクもあり得ます。そこまで見据えて対応されているのですね。

⑷　人材像の変化

澁谷　従来の携帯電話事業だけでなく、ITソリューション提供事業も行う会社になったことで役職員に求められる能力やスキルも変化しましたか。

宮山　変わりました。例えば、ガス会社へガスメーター用通信ボードを提供する業務の担当者の場合、ガスメーターにはどのような課題があり、ガス会社にはどのような課題があるか

という点を勉強する必要があります。社内にはそのための教育をする専門組織も設けています。ガス会社へ営業担当者が訪問する際には技術が分かる担当者も同行して、どのような技術で課題を解決するかを一緒に考えるようになりました。

　今までは営業担当はガス会社担当と自治体担当というようにドメインごとに特化していて、技術者はどの顧客担当ということはありませんでした。しかし、顧客のニーズをキャッチしていくためには技術者も特定のドメインに特化する必要が出てきます。また営業担当にも技術的知見を持つ必要が出ています。

澁谷　ご自身は技術畑ですが、営業担当に同行してみて気付いたことはありますか。

宮山　実際に同行してみて気付いたことは、思った以上にコストをかけられない顧客が多いということです。「技術者は完璧主義、営業担当は現実主義」と言われることがあります。技術者の発想では「こういう技術を開発して利用するならこのくらいのコストは当然だ」と思いがちです。しかし、顧客のコストをかけられない実情をじかに聞くと「では技術的に完璧でなくてもコストに見合ったものを作って提供しよう」という発想になります。技術者と営業の発想の垣根を超えることが重要です。

　先ほどのガスメーターのIoT化の事案で言えば「24時間365日通信できるようにするとコストが高いが、1日1回通信できれば良いということであればコストダウンできる」という提案につながりました。

澁谷　IT契約・システム契約のSLA（サービスレベルアグリーメント）で言えば「サービス稼働保証水準は99.9％ではなく、30％だがその分フィーは安価である」という選択もユーザー側が希望すれば提供するというイメージですか。

宮山　はい。顧客のビジネスニーズと技術との両方が分かる人材が必要ということは昔から認識されていました。最近のDX化の進展で一気に必要性が増した印象があります。社内と社外の両方に顔をきかせられる人材が必要になっています。

児島　会社にはDX推進ができるキーパーソンに恵まれるかどうかが重要です。DXソリューションを提供する側も受領する側も両方に理解のある人が必要です。顧客側にも技術を理解できる人がいて顧客の社内で連携されて初めて導入を決裁するからです。ピッチャーもキャッチャーもしっかりしていて初めてキャッチボールになる。テクノロジーの話のように見えて文化系的な側面もある話です。そこがうまく機能しないと、例えば中小規模の地方銀行がDXソリューションの提案を受けても「ちんぷんかんぷんで、それは大銀行の話だ」とか、「必要性は分かったが行内に対応できる人がいない。無理に自分が担当になったらシステム障害のリスクなど考えると宿題として重すぎる。まともに取り組むと鬱になってしまう」となりかねません。このようなことは行員のデジタル分野でのリカレント教育で対応していくべきですか。

宮山　最近当社では技術担当だけではなく、技術の勉強をしている法務担当や営業担当が増えてきています。自分の担当分

野の殻に閉じこもる人にとっては生きづらい世の中になってきているかもしれません。「必要性が理解できない」という反応には、同業界のDX成功例を説明して同様の対応を提案しています。

⑤ 顧客との関係の変化

児島 顧客から「こういう課題があります」と言われるのか、顧客が気付いていない課題を発見するのかはいずれでしょうか。

宮山 例えばガス会社の場合「人が計測に行かなくてもよくなるようにガスメーターをインターネットにつなぎたい」というニーズは元からありました。そこへ当社から「インターネットにつなぐと通信料がかかりますが、送信するデータ量はさほど重くないことから携帯電話と同様のスペックの通信は必要なく、より小さいデータを送信するためのローコストの通信が提供できます」と説明して課題を掘り下げていくということもありました。

「シーズ（技術の種）はあるがどういうニーズ（要望）に対応できるのか」という「シーズとニーズのジレンマ」という問題もあります。要望が先にあってそれに対応した技術を開発するということは簡単ですが、技術が先行して要望が後からついてくることもあります。

例えば、iPhoneが最初に登場した時「電話は携帯ですれば良く、インターネットはパソコンでやれば良く、iPhoneのようなものは普及するはずがない」という意見もありまし

た。しかし、フタを開けてみれば皆スマートフォンを必要と
したという例が挙げられます。

　「そもそもどういう課題があるか」について把握するに
至っていない顧客に対する提案方法を工夫する必要がありま
す。新しい店舗を作るという顧客に対してこれまでは通信回
線に関する提案しかしていませんでしたが、今はそれに加え
て「当社にはこういうソリューションのラインナップがあり
ますが貴社のビジネスにお役に立つものはありますか」とい
う提案をします。

　自社のホームページやプレスリリースをしたところ、各社
で課題認識をされている企業から問合せが来ることも多いで
す。最近では自動運転関係のプレスリリースをしたところ多
数の問合せがありました。

　単にシーズ段階の技術説明だけを行っても理解されないの
で、「当社でシーズ（技術の種）を使ったアプリケーション
やサービスを作りますが最後に花を咲かせるのはお客様で
す」という提案をします。

　種だけ見せられてもどういう花が咲くのか分からなければ
種を買う気にはなりません。任天堂がファミコンを普及させ
た時の方法に似ています。任天堂はファミコンというハード
を作るだけでなく、優秀なゲームソフトも作りました。ゲー
ムソフトがどんどんヒットしてハードも普及しました。それ
を見て、ナムコやカプコンやエニックスなどゲームソフト会
社もファミコン向けソフトを作るようになり、そのソフトも
売れ、ますますハードも売れる、という好循環が生まれた例

であったと思います。仮に任天堂がハードだけを作って「ソフトを提供してくれる会社は募集します」というやり方をしていたとしたら、たくさんのゲームソフトメーカーが参入することにはつながらなかったのではないでしょうか。ただ、当社はまだスーパーマリオ級のソリューションは作れていませんが（笑）。

澁谷 最近では、AmazonがAWSクラウドのサービスを広げていくに際し、いろいろなアプリケーションを付けて、さらにサードパーティを呼び込むという形で普及を進めています。任天堂がファミコンを普及させた時のやり方に似ている気がします。

宮山 継続的に利用する顧客企業には通信部分について格安のプランを用意し、アプリ開発や通信ボード導入の部分で費用をもらう、検証期間は安価なフィーして、本格導入後に通常の費用額にするなど工夫しています。

児島 銀行も融資先などの顧客企業に対してDXをコンサルしています。しかし銀行によっては「コンサルをする前に自分の銀行自身がきちんとできているのか」と言われてしまいかねない状況もあり得ます。「頭取にDXを進めろと言われたから手探りでやっている」と聞くこともあります。このような状況をどのように思いますか。

宮山 どういう課題があるか分からないが「やれ」と言われたのでDXを進めているという場合はうまくいかないことが多いです。「こういう課題があり、こう解決したい」という意思表示を顧客がしてくださる案件の方が成功することが多い

という印象があります。

⑹ DX推進では何を外注し何を内製化すべきか

澁谷 DXを進める企業がどこまで内製化しどこからは外注するかについてはどのように考えますか。

宮山 内製化すべきは自社の置かれたビジネス状況をふまえてビジネス判断をする部分です。DXと言われてもよく分からないからといってそこについてまで外部コンサルなどに外注してしまう会社があり、うまくいかなくなることが多いです。外注すればその分コストも増加し、技術やアイディアについての秘密保持が弱まる側面もあります。

　技術情報の収集などについては外部専門会社に外注しても良いと考えます。十分な情報が収集できなければ、どのように開発するのが適切か判断ができないからです。

　ソフトバンクも含めて、以前は簡単な要件定義は自社で行いそれ以外は外注するという、外注部分が非常に大きいという時期もありました。最近では、設計開発などの主要部分は自社で行い、組み込みなどの手間暇のかかる作業は外注するというケースが増えているように思います。

澁谷 内製化と外注いずれを行うか適切な判断ができるのはどのような人材ですか。

宮山 自社で内製化してシステム開発するプロジェクトに参加した経験と外注するプロジェクトで委託先とやり取りした経験の両方を持っている人でないと、どこからどこまでは内製化する、どこからどこまでは外注するという閾値の判断が難

しいと思います。

⑺　DXを進める企業の経営陣に求められる姿勢

澁谷　DXを進める企業の経営陣にはどのような経営姿勢が求められますか。経営目標はどのように設定するのですか。

宮山　DXによって達成される効率化と付加価値向上と新ビジネス創出は半年や1年で分かりやすく成果が出るということはまれです。そうすると単年度で成果が出なかったとか増益につながらなかったから施策を止めるということでは進めることができません。

　KPIを定めるにしても達成評価期間を単年度としないことが肝要です。自治体の場合などは単年度予算であることがほとんどのため難しいのですが。KPIを定める場合、1年目でここまでやる、2年目ではここまでやる、3年目ではと段階的なものにする必要があります。

　したがって、経営陣が「DXを通じて会社をこうしたい」というビジョンを示した上で、段階的にやるべきことのステップを示していくという姿勢が重要です。

　DXに成功している企業は中長期の目標設定がうまかった会社です。

澁谷　ソフトバンクが顧客にITソリューションの導入を提案する場合、中長期の視点が重要だと伝えるのですか。

宮山　はい。短期的に増益につながるソリューションは多くありません。ただ、PoC（Proof of Concept：小規模の試作・実装も含めた概念実証）の段階で劇的な効果があることを示さ

ないと、顧客はITソリューションをなかなか導入しません。

澁谷　経営陣がDXを進めるために体制を構築するにはどのようなことに注意すれば良いですか。

宮山　技術者と営業担当の垣根を越えた人材が生まれる体制を整備するということが重要です。また、技術者の中でも開発系と運用系の間に垣根があります。開発系技術者はスピードを重視します。運用系の技術者はスピードよりも品質を重視し「スピード重視で開発したらバグだらけだったということでは困る」という発想を持ちがちです。しかし、どちらを取るかという二者択一は誤りで「運用のしやすい開発をする」ということが重要です。

　経営陣には技術と営業又は開発と運用という縦割りの弊害が生じないような体制構築と運用が求められます。

聞き手：弁護士　児島　幸良　　弁護士　澁谷　展由

第 **3**　知財戦略策定・実践の実務
　　　正林　真之氏
　　　（正林国際特許商標事務所・所長弁理士）

1　知財戦略のアドバイスを始めた経緯

澁谷　政府が設置した「知財投資・活用戦略の有効な開示及び
ガバナンスに関する検討会」が「知財・無形資産ガバナンス
ガイドライン」を公表し、企業が対応すべき知財戦略に関す
る開示やガバナンスの在り方を示しました。本書のテーマで
あるデジタルガバナンスについても企業のDX施策が知財や
無形資産への投資に関わってきます。そこで、知財戦略に関
する第一人者である正林真之先生にお話をお伺いしていきた
いと思います。

　本題に入る前に、弁理士活動をされていく中で、特許・商
標出願といった伝統的な弁理士業務だけでなく、知財戦略と
いう観点からのアドバイスを始められたきっかけや経緯はど
のようなものだったのでしょうか。

正林　既存の弁理士業務において、出願件数が多いほど収益に
なりましたから、意味のない出願をして稼ぐというおかしな
ことが起きたりしていました。これに加えて、取得する特許
権や商標権の質を真剣に追求すると儲からないと考える者ま
で出てきたりしていました。

澁谷　うーん（苦笑）。意味のない特許というのはどのような

ものでしょうか。保護範囲が狭すぎて、侵害者が現れても差止めや賠償請求ができないような特許というイメージでしょうか。

正林　そうです。そんな感じのものです。そして、どうでもいい出願の案件がはびこると、役に立たない特許権・商標権の出願で儲けるというケースが多くなってしまっていました。

　大手企業は特許の質の低下を数でごまかしてきた面があります。100機の弱い戦闘機は10機の精鋭に負けますが、弱い戦闘機でも1,000機いれば少数の精鋭に勝てるという考え方です。

　特許権や商標権が粗製乱造で良いとなると弁理士の力が落ちていきます。

　クライアントが相談に来た場合に「そのような特許権は取れません」と答えて終わりになる弁理士が多くいます。それでは第二の特許審査官です。つまり教科書的な答えで満足してしまっている。医者に例えると患者に「その病気は治りません」と言って終わらせているのと同じです。そこで何とかしてくれるのが医者なのではないでしょうか。

　そのような状況の中で、ブラックジャックのように他の弁理士に断られたクライアントを何とかするという考え方でやってきました。何回も失敗することもありましたが、その中で力を付けてきました。

2 知財戦略の要点

⑴ 「取れる特許を取るのではなく、取るべき特許を取る」

正林　知財戦略の要点として3つの点が挙げられます。

　1つ目は、「取れる特許を取るのではなく、取るべき特許を取る」という点です。

　従来の弁理士は「取れる特許」ばかりを探していました。それを弁理士業界では「発明の発掘」と呼んでいました。取れる特許を取るのは簡単です。

　しかし、企業が本来「取るべき特許」が分かっていないのであれば知財戦略がない、ひいては企業戦略もないことと同じことになります。

　市場で一番を取りたいのか。もしくは一時的に損しても他から有用な技術を確保したいのか。それぞれの方針で「取るべき特許」は変わってきます。

　例えば、中国企業が核融合に関する特許を多数取っている。欧米企業や日本企業は中国企業より少ない。これは脅威でしょうか。そんなことはありません。核融合の特許は簡単に取れますが、取ったとしても許認可を受けたり、相当な設備がなければその技術を実際に利用したりすることはできないからです。規制や参入障壁があれば特許を取る必要はありません。つまり「取るべき特許」ではないのです。これは中国政府が特許出願に補助金を出したことの副作用でしょう。

澁谷　中国企業の特許件数が増えている、強くなっているという報道をよく耳にしますが、「取るべき特許」ではなく、「取れる特許」を取っているという側面があるのですね。

正林　そうです。核融合なんて誰も出願しないから特許は簡単に取れます。

澁谷　ほかに「取るべき特許」を探る上で有益な観点などありますでしょうか。

正林　１つ言えることは「ローテクに価値がある。ハイテクは日進月歩するものなので陳腐化するが、ローテクは陳腐化しない」ということです。

　例えば、日本のペットボトル飲料は負圧をかけた状態で栓をする技術を用いているため、栓を開けたときに液面が下がってこぼれない。特許となっている技術ですが、いまだに陳腐化していない。これについて新しい技術は出てこないだろうと思います。

　また、ペッパーフードサービス社の「ステーキの提供システム」は、カットした肉を他の顧客のものと区別する番号札を使うもので、ビジネスモデル特許です。これもローテクですがやはり陳腐化しない。このシステムによって言葉が通じない外国人スタッフでも配膳を間違えない。同社はサービスを良くしたことで売上げが伸びた。同社はサービス業として自社の強みが分かっていたといえます。

⑵ 「自社の実施発明と等身大の特許を取るのではなく、自社 が実施を想定していない範囲にまで特許まで取る」

正林 2つ目は、「自社の実施発明と等身大の特許を取るのではなく、自社が実施を想定していない範囲にまで特許まで取る」という点です。

自社が実施したい特許を取るのが「守りの知財」、自社が実施しない特許を取るのが「攻めの知財」とも言えます。

自社の発明を守るためには、相手がどんな模倣品を作ってくるかを見越して特許を取る、自社は作らないが相手が作る廉価品を見越して特許を取ることが必要です。特許を取る戦略的な範囲を見定めることが重要です。等身大の特許を取るだけでは戦略になりません。侵害者側の目線を持つという意味で、「泥棒の目を持て」ということです。

パテント（特許）ならぬ「ペテント」と言ったりします（笑）。

これは築城するときでも、天守閣だけ立派にしておけば良いということではなく「敵はどこから攻めてくるか」を考えて設計するという発想と同じです。諸葛孔明が10万本の矢を集めるために人形を軍勢に見せかけたという逸話のような発想が必要だということです。

池井戸潤原作の「下町ロケット」でも、佃製作所が直ちに製品にするわけではないロケットエンジンのバルブの特許を取っていたおかげで窮地から救われたという話がありました。これはある意味で、パテントトロールとかパテントマ

フィアといわれる連中と同じで、自社で使わない特許を取っていたことが功を奏したわけです。

　ハードウェアの製造などモノづくりの現場においては、まずは事業を進め、モノである製品を作った上で、その後でマネされないようにするというスタンスでも足りました。例えば化学品であれば実験設備がなければそもそも発明はできないし、量産設備がないと発明の実施ができません。したがって、ある日突然、急にライバルが出現するということはあまり考えられないのです。

　一方で、ソフトウェア開発では、多額の設備投資などは必要なく、模倣も簡単であるため、ある日突然、とてつもないライバルが現れるということがあります。最近であれば、ChatGPTの開発元であるオープンAI社がGAFAに脅威を与えているということが起きています。

　私の例ですが、私個人で試しに専門家のマッチングサイトに関するビジネスモデル特許を出願したところ、特許を取ることができ、権利行使もできてしまいました。その事業に関する素人であっても、アイディアがあるだけで簡単に特許を取れてしまうことがあるのがデジタル関係の怖いところだと思います。

　ソフトウェアなどデジタル製品の場合、製造業以上に先に防壁を作っておく必要があります。トンネルを掘るときに岩盤が固いところであれば穴を掘るところから始めるのでもよいですが、崩れやすい地層の場合は壁から最初に作っていくシールド工法を採らなければならないということと同じで

す。

⑶ 「特許にならない手段も使う」

正林　3つ目は、「特許にならない手段も使う」という点です。
特定の技術に関する協会を設立して標準化を行う、といっ
た手法があります。相手を仲間はずれにすることで、自分の
技術を守ったりするわけです。特許にならないものを保護す
る手段なので、パテントライト（特許権）ならぬ「パテント
レフト」という造語を作りました（笑）。

澁谷　"ライト"の「権利」という意味と「右」という意味を
かけているわけですね（笑）。

3　企業の知財に関するニーズの把握

澁谷　クライアントが知財戦略に関する相談に来られた際、お
伺いしたような観点をふまえ、現状をどのように把握される
のでしょうか。

正林　従来型の弁理士の場合、特許出願できるような発明とし
てどんなものを考えたのかを聞いていき、そのまま特許出願
の明細書の作成に移ります。私の場合、明細書の作成に移る
前に必ず、「発明の内容は分かりましたが、それを使ってど
う儲けるのですか」という聞き方をします。

　知財部や法務部があるような大企業であれば分業が進んで
いて、専門的な話を最初からすれば良いのですが、中小企業
の場合はそれだけだと不親切です。クライアントに合った聞

き方をしています。大企業と同じヒアリングの仕方ではいけないということです

　中小企業の場合は社長自ら相談に来られます。その場合、お金儲けの話をしないと刺さりません。その上で権利をどうデザインするかが我々の仕事です。ところが、多くの弁理士はどう儲けるかという話ができません。大企業とばかり付き合っていると、お膳立てが整っていることに慣れてしまい、言われたことだけをやるようになってしまいます。医者に来ていきなり「盲腸切ってください」と言ってくる患者はいません。「おなかが痛い」と言って来るのです。

　「事業でこんなことしたい」という話があれば、「ライバル企業はどこですか」「どうマネされると思われますか」と聞いていきます。

澁谷　正林先生のご講演でお話をされていた「知るカフェ」の事例が興味深かったです。

正林　「知るカフェ」は有名大学の学生が学生証を提示すれば無料でドリンクを飲むことができ、授業の合間に一息入れたり、友達とお喋りをする場として活用できます。運営費用は企業のリクルーティング費用で賄われています。企業はそこで人材採用活動ができる。このアイディアは権利保護しなければ、大手の人材サービスの企業に追随されればすぐ負けてしまいます。このビジネスについてビジネスモデル特許を取ろうとされたところ、他の弁理士事務所では「そんなものは取れませんよ」と言われたとのことです。

　私としては「このビジネスをする上で必須のものは何です

か」と聞きます。そうしたところ、「知るカフェ」の場合、いくらタダといっても「コーヒー1000杯ください」という学生が来た場合、対応できなくなるという話がありました。

そこで、スポンサー企業が出す採用費との関係で限界値を算出した上で提供するというビジネスモデル部分について特許取得をしました。

このようにヒアリングの際に絞り込んでいけば、どうすれば特許が取れるのかがだんだん見えてくることがあります。

澁谷 ビジネスモデル特許については、出願してもなかなか認められないといったイメージがあるのですが、先生のお話やご著書などを拝見していると、いろいろな事例が出てきます。従来型の弁理士業務においてはビジネスモデル特許の出願はあまり活発ではないのでしょうか。

正林 そうです。ビジネスモデル特許は取り方が難しいのです。ビジネスを拡大するための特許ですが、ビジネスを大きくするというのは経営者が最も考えなければならないことです。

「そもそもビジネスモデル特許が取れるようなビジネスモデルがない」というのは、ビジネスを拡大するための方法が考えられていないということだと思います。つまり、競争するネタがない、コアコンピタンスがないということです。「モノづくり」「コトづくり」を「カネづくり」に結び付けることが重要です。

これを円滑にさせるのが知的財産制度の目的です。「モノづくり」と「カネづくり」がつながってないことが今の日本

の問題だと思います。

　エジソンは発明王としてサイエンティストのように思われていますが、発明だけの人ではなかったそうです。ジョークもセールストークもうまい。完全に商売人です。技術オンリーのことはやっていません。必ず特許を取って儲けることを常に考えていた。自分で販売網も工場も持っていた。子供の時、鉄道の中で新聞や野菜を売る仕事をしていた際に一番売ったので、鉄道の中に実験室を作ってもらったくらいです。

澁谷　他の弁理士事務所で「そんなものは取れませんよ」と言われてしまった発明について、特許権取得の糸口を見付けるためにはどういった視点が必要でしょうか。

正林　その発明の長所を見付けることです。長所が特許になります。1,000個の不具合があっても、１つ長所があれば特許は取れます。

　特許要件のうち、新規性については新規でないことの証拠が出されたら終わりです。他方、進歩性については「言い方次第」という面があります。

　例えば、「消しゴム付き鉛筆」というものがあります。結果だけ見れば当たり前で進歩性がなさそうに見えますが、それ以前には当たり前ではなかった。同じ筆箱の中にあるが「書くもの」と「消すもの」を一緒にする発想はなかった。男女が同じ職場にいたからといって必ず結婚するわけではないことと同じです。結婚するにはかなりのきっかけが必要です。

澁谷　大変分かりやすいです（笑）。出来た製品の結果から見ると当たり前のように見えますけど、その発明がなされるまでは当たり前ではないのですね。

正林　そうです。発明といっても全てが新しいわけではなく「既存のものの新しい組み合わせ」なのです。特許審査官にその点をどう説得するかという問題です。

4 「守り」の知財戦略をどう立案するか

澁谷　知財戦略には「攻め」と「守り」があると言われますが、企業が自社の技術を守っていくための知財戦略を立案していく際、どういった点を押さえておくべきでしょうか。

正林　知財戦略の観点がない企業の場合、技術開発に努めれば何とかなると思っています。その結果、先行する企業がいても気付かない。開発が無駄になります。

　「こういう製品があったら良いな」と思って先行する特許権がないか調べてみると、大体の場合既に登録されているということがあります。製造されていないというだけです。

　調味料の下に乾燥剤を入れる容器の構造を思い付いたことがあったのですが、当然のように先行特許がありました（笑）。ワインのコルク抜きをコルクに通して突き抜けるとコルクのかすがワインに落ちてしまうのでストッパーを付けたらどうかなと考えたのですが、これも先行特許がありました。

澁谷　確かにそういった製品はないですね。

正林　下調べに費用と労力をかけることが必要です。日本だけでなく、全世界について調べることが必要です。

　戦争をするにしても、相手の状況や戦場の地形を調べ、作戦を立てた上で実行することが必要だということと同じです。それをしっかりやらなかったとしたら、必ず負けますよね。

澁谷　ベンチャー企業などですと、知財調査になかなか費用をかけられないという事情があるところもありますが、そういった企業はどう考えれば良いでしょうか。まず知財調査をせず走ってみて、訴えられてから考えるのでいいやというようなスタンスの会社もありますが。

正林　知財リスクというのはビジネスが成功したときのリスクです。ビジネスが成功すると商品やサービスについてマネする会社が出てきて、コモディティ化して、競争力がなくなる。特許権があれば守れるが、なければ守れない。成功しようとしているのであれば、知財にしっかりと費用と労力をかけることが必須です。

　私がよく説明する例としては、社会に出て成功したいから大学に行く。今どき、お金がないから大学に行かないというのはナンセンスです。奨学金を利用したり、借金してでも行くという発想になるはずです。

　それと同じで、ビジネスで成功した後にコモディティ化のリスクを避けたいから資金調達して知財対応をすることが必要です。

　そこまで説明しても納得できないようでしたら、どうしよ

うもないですね。

　知財を含め法務に費用をかけない会社のことを「ホーム（法務）レス」と言ったりします（笑）。「法務に力を入れないで、脇が甘いと、本当にホームレスになっちゃいますよ」と。知財部があるような会社では、日本だけでなく外国も含めて類似特許がないかを調べます。

　企業が「お金がない」と言ったとき、本当にお金がないわけではなくて、弁理士や弁護士にお金を払いたくないだけかもしれません（笑）。知識労働に対する評価が低すぎる。

澁谷　法務部や知財部によっては予算がなかなか厳しいという話も聞きます。

正林　ただ、法務部側にも悪いところがあり、「できない」と言うばかりで製造部門や営業部門と一緒にできるための方法を考えないから費用をかけてもらえないというところがあります。

澁谷　「守り」について、先ほどの「他社から訴えられないための特許」との関係で、ご著書でトヨタ自動車のジャストインタイムのビジネスモデル特許について「同様の生産システムを採用している他社を訴えるためという意図だけでなく、むしろ知財防衛の一環というか、国内外の他社から訴えられないための特許という見方もできるだろう」とされています（『人生とビジネスを豊かに変える知財マネタイズ入門』152頁（サンライズパブリッシング、2019年）。「他社から訴えられないための特許」という観点からアドバイスもされるのでしょうか。

101

正林　守ることだけ考えていても守り切れないときがあります。攻める側からすると専守防衛は怖くありません。攻撃が最大の防御であり、知財でも、攻める特許を持つ結果、守りにもなるということがあります。

澁谷　自社の特許権とライバル企業の特許権を許諾しあう「クロスライセンス」も攻めつつ守る戦略の一環と言えますでしょうか。

正林　クロスライセンスの一番の目的は特許侵害訴訟の脅威をなくすことですから。

澁谷　戦争せずに同盟を組むようなものかもしれませんね。

5　「攻め」の知財戦略をどう立案するか

澁谷　「守り」に続き、自社の技術やブランドでライバルに勝っていく「攻め」の知財戦略についてお伺いします。

正林　「攻め」については、特許を取得して侵害者を訴えて賠償を取るというのは時間も金もかかります。

　私が関わった件で、ダイエット用品の「ストレッチポール®」という製品があります。「ストレッチポール仕様」と銘打ったものなど模倣品が多く出ました。少ロットの侵害品が多数出てきたため、通常どおりに警告状を発すると採算が合いません。そこで、「一定金額の報酬で警告状出し放題」という契約で依頼をお受けしました。模倣品についても商標を取ってさらに警告状を出しました。それによってようやく模倣品を3分の1まで減らすことができました。1回出すと半分に

減り、2回目を出すとさらに半分に減る。どうしても販売を中止しない者に対してだけ訴訟を提起します。

澁谷　採算が合わなくて模倣品排除をあきらめてしまう会社も多いでしょうから画期的ですね。

正林　特許のライセンス料を得て裕福になることも簡単ではありません。洗濯機の糸くず取りの発明をした主婦の方がいました。各社の洗濯機に標準装備されました。糸くず取りが1つ100円として1つ当たり1円のライセンス料が入ったとして100万個売れても100万円にしかなりません。ロイヤリティだけでは儲かりません。

　このインタビューも書籍の企画ですが、印税で稼ぐのは相当難しいということと同じです。たんに賠償請求する、ライセンスするというのではなく、儲けるための方法をうまく組み合わせていくことが必要です。

澁谷　「オープン・クローズ戦略」も「攻め」の1つと言えますでしょうか。例えば、ご著書でサントリーの伊右衛門の強さについて、「超粉砕茶葉分散液およびそれを配合した飲食品」という特許を取得することによる「オープン」部分とは別に、クローズされている使用する水の質、温度、お湯だし時間といった京都福寿園の有する「美味しいお茶の淹れ方」という部分もあるのではないかと分析されていますね（前掲書71〜72頁）。

正林　オープン・クローズ戦略ですとコカ・コーラ社が原液のレシピについてはクローズしつつ、各国のボトラー社から商標使用料を得ることによって成功していることは有名です。

音響のドルビー社もたくさん特許を取っているが権利行使はしない。技術は無償で使わせる。その代わり商標使用料を取るというモデルです。

　日本ではこういう原料供給と商標ライセンスを組み合わせたビジネスモデルはあまりないですね。

　すごいなと思うのはヤマハの例です。欧米にも名だたるピアノメーカーはいろいろありますが、それにしてもヤマハの売上げが大きいのはなぜか。これは音楽教室とピアノの販売を組み合わせているからです。音楽教室でヤマハ製品が使われるように標準化している。サービスでビジネスをすることが一番儲かる。

　弁理士や弁護士の方が独立する際のお祝いとして、ステーキ屋、ショーパブ、スナック、クラブに順番に連れて行ったりします。

　ステーキ屋はステーキが食べられる、ショーパブはショーが観られる、スナックはカラオケができるが、クラブには何もできない。

　モノは順番が前のものほど充実している。しかし、単価は後ろに行くほど倍々に高くなる。

　サービスがいかに高いかを考えてもらうきっかけにしてもらっています。

　ヤフーがインターネットを普及させる時も、モデムなどのハードはタダで配って、接続サービスを売ることによって成功しました。

6 巧みな「攻め」「守り」の例

澁谷 「攻め」「守り」の知財戦略がうまくいっている実例としてはどのような企業がありますか。

正林 日本企業で攻守のバランスを取って知財戦略を実行している企業がキヤノンです。

澁谷 キヤノンというとプリンター関係の特許権が有名ですが、どのような観点から戦略を実行しているのでしょうか。

正林 他のプリンターメーカーはプリンターを売って儲けるというビジネスモデルであったためプリンター本体関係を中心に特許を取っていました。

　他方、キヤノンはもともとカメラメーカーで、自社でカメラを売るとフィルムメーカーが儲かる、消耗品ビジネスが儲かるという仕組みに悔しさを感じていました。そこで、キヤノンはプリンターにおいて消耗品関係の特許を多く取った。その結果、非純正品のトナーメーカーとの訴訟になった時に他のプリンターメーカーは勝てなかったが、キヤノンは勝てたということが起こりました。自社のビジネスモデルを理解し、どこを守るべきかが分かっていたということです。

　キヤノン以外にも、化学メーカーのクラレは事業戦略と知財戦略が一致している例だと見ています。クラレは自社のバリューチェーンを独占するための特許を持つ会社を買収して固めています。

7 知財戦略と財務・開示

澁谷 2021年に改訂されたコーポレートガバナンス・コードでは、知財への投資等について開示すべきであるとしています。ご講演などで企業が自社の無形資産を発掘、可視化することの重要性もご指摘されています。どのような観点から発掘、可視化を行っていくべきでしょうか。

正林 今の日本の会計基準では、買った知財はバランスシート（BS）に載りますが、自分で作った知財は載りません。国際財務報告基準（IFRS）では載りますが、無形資産といっても足し合わせて計算しているわけではなく、「時価−簿価＝無形資産」となっています。そうすると、株価が高いことが重要になる。「アメリカ企業の方が日本企業よりも無形資産が多い」と言われますが、アメリカ企業の株価が高いだけとも言えるのではないでしょうか。株式市場での評価となると、BtoCの会社は評価されやすいが、BtoBの会社は評価されにくくなる。ただ、株価が高いかどうかはIRでのアピールで伸びることもあり、それだけで価値の高い知財があるということにはならないのではないでしょうか。

澁谷 「知財・無形資産ガイドライン」が「知財・無形資産の投資・活用を『費用』でなく『資産』形成として捉える」べきとしているのは一歩前進ということになりますでしょうか。

正林 ファンドは、「費用を削って利益を出し、その利益で企

業価値を高めてから売る」ということをします。ただそれは将来への投資を削ってしまうことにもなるので、一時的に利益が出ても将来的にはどうかという問題があります。コーポレートガバナンス・コードが知財への投資等と言ったのは、将来への投資まで削ることがないように、という指摘として意味があるとは思います。

澁谷 知財戦略は企業秘密に属する部分も多くあるため、どこまで開示をすべきか、という問題もありますね。

正林 外部からでも調べれば分かることについて適正な株価に持っていくためにそれを開示することは良いですが、そうでないものまで開示する必要はないと考えます。敵対的買収をするファンドが目を付けるために開示しろということですと企業の側はたまったものではありません。日本企業の株価純資産倍率（PBR）が低くて問題だと言われますが、PBRが1より低いが知財戦略をしっかりと行っている会社もあります。そうすると、良い特許を多く持っているがPBRが低いという会社は敵対的買収の標的になりやすくなります。まともにモノづくりするよりマネーゲームをやった方が儲かる、税金も安いということになってしまっていないかという疑問があります。

8 デジタル化による知的財産の変化

澁谷 デジタル化により知財に関する考え方が変化する面はありますでしょうか。

正林　デジタルに関する技術やビジネスモデルは、みんなが使って意味があるというところがあります。ただ、みんなが使うとなると、不正競争防止法の営業秘密として保護されるための秘密管理性の要件を満たさなくなるという問題があります。その点でもデジタル化と法律がマッチしなくなってきている事象が出てきていると思います。ヴァーチャル空間での新しい法律・ルールを作るんだというベンチャーも出てきています。

澁谷　2018年の不正競争防止法改正で「限定提供データ」の概念が創設され、商用のビッグデータに関して秘密管理性とは別の保護要件により保護されることとはなりましたが、このような考慮による法改正は、ビッグデータに限らず、デジタルに関する技術やビジネスモデル全般にも必要になってくるかもしれませんね。

9　企業経営者が知財戦略について取るべきスタンス

児島　日本企業は知財戦略についてどういう方向に舵を切っていけば良いでしょうか。

正林　経営者がもう少し知財に関心を持つ必要があります。最近でも経営レベルで知財に取り組んでいる会社も出てきています。

児島　「社長の器以上に会社は大きくならない」という仮説もあることからしますと、社長がまずは知財の重要性について理解し、自分の会社のビジネスモデルと競合企業の状況とを

把握し、戦略を立てていくべきということですね。

正林 キヤノンの知財担当役員だった丸島儀一先生は「企業は縦糸、トップが言えば伝わる」とおっしゃっていました。キヤノンはトップに知財をやらないことによる脅威を理解してもらったからこそ、知財戦略に強い企業になったと言えます。

最近、IPランドスケープ®が出てきて、だいぶ経営者に分かるようになってきました。ただ、経営者が見るまではいっておらず、知財部の自己満足で終わってしまっている会社もあるようです。

インフラ系の企業などストックビジネスの会社では、能力がなければ社長になれないということになっていません。社長が悪いせいで会社が沈没するということがない。残存利益でずっとやっていけると、経営者は知財も知らなくてやっていけてしまいます。

児島 反対に社長があまり良くなくても企業がうまく回っているというのは、そのようなシステムが確立できていて良いとも言えますでしょうか。例えるならば、豊臣政権は秀吉の能力に頼った属人的システムだったので短命に終わりましたが、徳川幕府はいわばトップの属人性をうまく超克した。家康の後の将軍が仮に凡庸でも300年近く持つ良い仕組みを作ったのだと思われます。日本企業のうち社長が凡庸であっても沈没しない企業も、社長の良し悪しに左右されない良い仕組みを作って、トップの属人性をうまく超克できているのだという前向きな評価も可能かもしれませんが。

正林 私自身も悩むところですが、良い仕組みを作るほど人間

はバカになるという面があります。徳川幕府のもとでは日本刀以外の武器を発明すると死刑になりました。そのようにしてイノベーションを抑制した結果、黒船が来航し幕府は潰れました。徳川家康と徳川慶喜は同じ生活をしていました。短期的には良い仕組みであっても、長期的に見ると良くなかったということが分かります。

　キリスト生誕からワットが蒸気機関を発明するまでの1700年間、GDPの伸びは低かったという話があります。イノベーションが禁止され、地球が回っていると言えば裁判にかけられ、発明家は魔女として処刑されていたからです。ワットが蒸気機関を発明できたのも特許制度が確立されて発明者が殺されなくなったからです。

　竹宮惠子原作「地球（テラ）へ」（東映、1980年）という映画ではコンピューターがミュウという異分子の超能力者を作ってあえて人間に騒乱を起こしていました。極論ですが、異分子の存在もイノベーションには必要ではないかとも思います。

　ただ、イノベーター（革新者）ばかりでもうまく回っていきません。イノベーターは当面の利益を捨ててリスクを取るような人です。イノベーターだけではすぐ分裂します。一方でオペレーター（作業者）だけだと先ほどの産業革命以前の1700年間や徳川幕府の300年間のようにイノベーションの抑制が続くこともあります。

　イノベーターとオペレーターの比率は１：19くらいが良いのではないでしょうか。羊は１匹ではまっすぐに歩く生き物

ですが、100匹になるとまっすぐには進まない。その中にフラフラと歩く山羊が5匹くらいいた方が、まっすぐに進むと言われます。

　私たちは5％のイノベーターを手助けするためにいるのではないでしょうか。当事務所で弁理士を採用する際、「変わった人だね」と人から言われたことがあるかを聞いています。変わった人でなければイノベーターのことが理解できないからです。

　IPランドスケープを使って企業を分析すると何がその企業の重要な特許権かが分かります。そして、その特許権の発明者は既に退職しているということが多いようです。

　日本はオペレーターの比率が高いので「歳をとれば秀才が天才に勝てる」業種については競争力があります。10年目の高卒の人が1年目の東大卒に勝てるという業種はめっぽう強い。

　しかし、デジタルの分野はイノベーターが必要とされ、「天才しか勝てない」という面が強いので、日本は競争力に乏しい。

　組織の構成員がオペレーターだけになってしまうとイノベーションが起きなくなります。中世だったら処刑されるような、不良少年のような存在が組織に5％は必要だということです。

聞き手：弁護士　児島　幸良　　弁護士　澁谷　展由

第4 著者対談　企業はデジタルガバナンスにどう取り組むべきか

1　企業はDX戦略をどう策定していくべきか

澁谷　本書では「デジタルガバナンス」をテーマとして、明治時代以来の社歴を持つ会社でありつつもDXについて先進的な取組をされている三井物産の真野さん、通信会社からデジタルソリューション事業も行う会社へとDXしたソフトバンクの宮山さん、知財戦略策定の第一人者の正林先生にお話を伺ってきました。本項目では、本書の共著者であり企業法務やコーポレートガバナンスを専門とする児島・澁谷で3名のインタビューや近時の政府や企業の動向をふまえて今後、企業が取り組んでいくべきデジタルガバナンスの在り方について議論していきたいと思います。

　本書で解説している経済産業省のデジタルガバナンス・コード（以下「DGコード」）にしても、知財・無形資産ガバナンスガイドライン（以下「知財・無形資産GL」）にしても、まずはDXや知財戦略を推進する上で戦略やビジョンを策定すべきとしています。

　例えば、宮山さんのインタビューにあったようなソフトバンクが通信会社としての携帯基地局の人流情報を活かしてIoT・デジタル関係ソリューションも提供する会社へDXしていったことは、戦略目標設定の在り方のモデルにもなりま

す。今後デジタル戦略を立案する企業はどのように取り組んでいくべきでしょうか。

児島　会社の規模感、レベルによって違ってくると思います。ソフトバンクであれば、孫さんの強力なリーダーシップで推進ができる。

　他方、例えば金融庁の監督を厳しく受けている金融機関では取り得る戦略に限界もあります。

　オリジナリティのある有効な戦略を直ちに策定できない会社の場合は、まずは同業他社のDX戦略について情報収集を一生懸命やるとともに、異業種でもDXが進んでいる会社の情報を調べて自社でもできる戦略を拾ってくるという方法が、現実的と考えます。

　自社オリジナルのDX戦略に拘泥せず、ビジネスモデル特許でも取得されていない限り、他社のDX戦略を「ロールモデル」や「反面教師」として大いに活用するのが、秒進分歩のDXの分野に乗り遅れないだけのスピードを出す観点からも重要ではないでしょうか。

澁谷　情報収集をしなければ戦略の前提が分かりませんからね。本書で解説している知財・無形資産GLでも、まずは自社の強みや競合他社の情報を分析することを求めています。最初に着手するのは情報収集になるでしょう。企業のデジタル戦略立案のための情報の一助に本書がなれればと思います。

児島　インタビューで正林先生が「発明といっても全てが新しいのではなく、既存の組合せである」とおっしゃっていまし

た。

　DX戦略についても全く社内になかったものをゼロから作り出すというのは本部での企画段階で既に難しいだけでなく、現場での実施運用段階でも激変となり大きな時間と人的・物的コストを要することになります。むしろ、既存のサービスや社内態勢を土台として戦略を考えていくのがコストの点でもスピードの点でも現実的ではないでしょうか。

　また、知財・無形資産GLのいう、自社の強みや他社情報の分析に関しては、正林先生がおっしゃっていた「ハイテクは陳腐化しやすいがローテクは陳腐化しない」というお話が示唆に富むと感じました。

　特に、地域色豊かながら規模の大きくない地域金融機関としては、多額の資金と人的・物的資源をハイテク化に投入できるメガバンクと異なり、ローテクながら地域色や独創性あるものの新しい組合せの中に強みを見いだしていくことが１つの重要な方向性のように思われます。水道水が当然に飲めるとか、公道に鍵付でバイクを放置しても誰も盗んでいかないとかいった日本では当たり前のことが、海外では驚きをもってネットで報じられていることを知って、逆に日本人が驚くと聞くことがあります。同様に、自分の会社やその所在地では当たり前のことが他社や他地域では感心されるような美点である可能性があります。そういった点が、自社や地元にいるがゆえに見落とされているとすればもったいないことです。

　自分の会社や地元では当たり前だが、よそに行ったら当た

り前ではない強みを探すのが鍵ではないでしょうか。

澁谷 本対談を行っている2023年7月現在、デジタル関係では生成AIの話題が沸騰していますが、DX戦略構築にどう影響すると見ていますか。

児島 DXのためのリソースが多いとはいえない企業のDX戦略の出発点は、総花的に取り組むのではなく、むしろ従業員レベルの生成AI利用の一点突破からスタートし、他は一旦後回しと割り切る方が効率が良いのではないでしょうか。スマートフォンに生成AIをインストールすればある意味で即日実装可能ですし、業務に関する資料を生成AIに読み込ませるためには紙のままでは無理ですので自動的にペーパーレス化（デジタイゼーション）も進みます。業務プロセスのデジタル化（デジタライゼーション）も、業務で生成AIを使うことで一応実現されます。個々の従業員レベルがそれぞれの日常業務の中で生成AIを積極利用することの一点にDX化戦略を絞って短期決戦で成果を出そうとするか、あるいは会社が特にアクセルを踏むまでもなく現場職員が業務の効率化のために個人的に生成AIを利用をし始め、なし崩し的にDX化が進行する会社が増えるのではないでしょうか。そのような会社の場合には、いかに企業秘密、個人情報、プライバシー情報、著作権等を侵害する情報などを入力させないかというブレーキのかけ方がむしろ喫緊の課題と思われます。

澁谷 DGコードがDXの3つのパターンとして、①「効率化・省力化を目指したITによる既存ビジネスの改善」、②「新たな収益につながる既存ビジネスの付加価値向上」、③「新規

デジタルビジネスの創出」を挙げていますが、確かに①の
「効率化・省力化」には生成AIは威力を発揮するでしょうね。

　他方、②「新たな収益につながる既存ビジネスの付加価値
向上」、③「新規デジタルビジネスの創出」をどのように実
現していくかという課題については、生成AIに聞けば一般論
は教えてくれ、ある程度の参考にはなるかもしれませんが、
依然として各企業が真摯に検討する必要があるテーマだと思
います。

2　デジタル投資への理解を経営陣に深めてもらうに はどうするか

澁谷　会社によってはデジタルへの投資の必要性が理解され
ず、それによりDXがなかなか推進されないところもありま
す。

児島　正林先生が法務に予算を割かない会社のことを「法務レ
ス」とおっしゃっていました。ビジネスを守ろうとしたら、
法律と契約をしっかり押さえて権利を確保・行使することが
必須であり、ある程度の費用は必要経費のはずなのですが。

澁谷　正林先生が「今どきお金がないから大学に行かないとい
うのはナンセンス。奨学金を借りてでも行く。ビジネスが成
功したらコアコンピタンス部分を知的財産権で守らなければ
ならなくなるのだからお金を借りてでも知財戦略を実行する
必要がある」とおっしゃっていたことが印象的でした。

　正林先生の話にもありましたが、知財・無形資産GLも「知

財・無形資産の投資・活用を『費用』でなく『資産』形成として捉える」べきことを要請しています（37頁）。

　そのようなマインドチェンジができたかどうかが競合との勝負の分かれ目になってくることを理解してもらう必要があります。

3　経営陣はDX戦略を社内にどう浸透させるべきか

澁谷　次にDX戦略の社内への浸透のさせ方について議論したいと思います。三井物産・真野さんのお話では、「データによる迅速かつ正確な意思決定」「データの共有・活用によるプロセス改善」を企業ビジョンとして定着させる上で、経営トップのリードが重要という話がありました。また、正林先生のインタビューでも、トップが率先することによって下がついてくるというお話がありました。

児島　トップのリードの仕方には2つのパターンがあると考えています。北風と太陽が旅人のコートを脱がせる対決をするという童話になぞらえるならば、1つは、北風型で「俺は自らDXを進めているぞ、お前らも当然やれ、やらないなら人事上マイナス評価する」というトップダウンな方法です。この方法も一定の効果はありますが、やらされ感が出て形だけ整える「名ばかりDX」になってしまうおそれがあります。

　もう1つは、太陽型で私は「割の合うDX」と言っています。「DXを進めれば仕事で楽できるようになるよ、早く家にも帰れるよ」と勧めていく。「会社の方針だからやれ」では

なく「やると個々の従業員自身の日々の生活にメリットがある」。そういう環境を作るためにトップが動くという在り方です。

　言い換えると、国がやれと言って進めるマイナンバーカードはなかなか普及しなかったが、ふるさと納税は個々の納税者が返礼品で得するので一気に定着したというのに似ている気がします。鍵を握るのは、対象となる個々人がどのくらい「割に合う」と実感するか、ではないでしょうか。

澁谷　多くの企業の人事制度改革のコンサルティングをしている方に伺ったことがあるのですが、従来のように「トップが正解を示し、下の人にはそれを正しく早くこなしてもらう」「カリスマについて来いよ系の経営モデル」は、生成AIをはじめとした目まぐるしくデジタル化が進展し、ビジネス環境の先が見通せなくなってきている時代では立ちゆかなくなると伺ったことがあります。先が見えない中で会社のメンバー一人一人が自律的に考えて行動して対応していくことが求められるとき、経営者の役割は「現場が自律的に回る環境をどう作るか」になっていくと言います（澁谷展由編『ジョブ型・副業の人事・法務』44頁（商事法務、2022年）。

　経営者が自社にDX推進のための戦略やビジョンを浸透させようとした場合、DXが会社の方針の押し付けではなく、「得なことだ」と動機付けをした上で、メンバーが自律的に戦略を実行できるように環境を作っていくことが重要ですね。

4　DX推進のための体制構築をどう行っていくべきか

(1)　司令塔機能を持つ役員、部門

澁谷　DXを推進するための体制として、三井物産の真野さんのお話では司令塔機能を持つ担当役員や部署が不可欠ということでした。

　三井物産では、専任の担当役員としてCDIO（Chief Digital & Information Officer）が置かれ、専任で司令塔機能を果たす部署としてデジタル総合戦略部が置かれています。

　他方、デジタル・ITについての人的リソースが豊富ではない会社では、財務担当役員が法務と総務を兼務するかたわらでデジタル・ITも兼務しているといった例が見られます。

　私が実務で見聞したところ、システム障害が発生してしまった会社ではデジタル・IT担当役員がCFOなど多くの他の担当を兼務しており、精力が分散してリスク管理が追い付かなかったことが障害の原因の1つになっていたことがありました。

　また、他の財務・法務・総務の仕事が忙しすぎてDX推進にほとんど労力を割けなくなるという問題もあります。

児島　兼務についてはさらに動機や利益が相反するという問題があります。

　例えば、CFOはコストをカットしたい、CIOやCDOはITやデジタルに投資してほしいという逆方向の動機がありま

す。これらが兼任になってしまうと、CFO側に傾けば必要なIT・デジタル投資がなされなくなり、CIO・CDO側に傾けば不必要な投資がされることもあり得ます。

　兼任しても過重負担ではなく両方の業務に手が回る程度の業務量であったとしても、そもそも兼任する業務と業務の間で動機や利害が対立するのは問題です。

澁谷　そうしますと、兼務はしないこととしつつ、CFOとCIOの意見が対立した場合は、CEOがそれを調整し、その調整の仕方を社外取締役が監視・監督するといったガバナンスがあるべき姿となりますか。

児島　一般論としては、動機や利益の対立する業務を兼任させるよりも、三権分立や裁判の対審構造のように別人に帰属させて分立することで、チェックとバランスを保ちつつ活気のあるDX推進ができる可能性が高まるように思います。

　ただ、完全な専任でなければならないか、ある程度の兼務でもよいかは、当該担当者の資質や個々の会社の実態にも左右されますので、一括りに結論は出せないと考えます。いずれにせよ、全社のデジタル・IT施策を統合する司令塔機能が必要です。

澁谷　「会社の現状でこうなっているのが自然だからこのままで行こう」としてしまうと何も進まないリスクもあるので難しいところです。

児島　三井物産の真野さんが、ビジネス部門が「当初、IT・デジタルは俺たちの仕事じゃないと言っていたが、DX戦略のための体制構築を進める中で自分たちの問題として捉えるよ

うになってきた」とおっしゃっていました。そのような変化の背後にどのような工夫があったのか、同様の工夫は自分の会社でも可能かつ有効なのかといったことを深堀して参考にしつつ、デジタル・ITを現場に融合させていくことが重要だと考えます。

⑵ 生成AI導入に対するCIOの役割

澁谷 DXの一環として生成AIを取り入れていく施策についても同様のことが言えますね。

児島 生成AIについてもCIO・CDOであれば導入に積極的、CLO（法務担当）・CRO（リスク管理担当）であれば営業秘密保護や著作権侵害防止の観点から消極的となり、兼務してしまった場合、バランスの良い施策が取られなくなるおそれがあります。

「やらないプロジェクトに失敗なし」の発想に陥り、「使わない生成AIに失敗なし」になりかねません。

澁谷 生成AI導入推進や検討のための体制が整っているかについてもガバナンスが必要ですね。

児島 他方、生成AIの利用が前のめり又は寄りかかりになりすぎると重大なトラブルを招くおそれがあります。

例えば、少し前の報道によれば、三重県津市の児童相談所では、過去に対応した約1万3,000件の事例がAIシステムに蓄積されており、けがの状況などを入力すると過去に類似の虐待事案で児童を一時保護した割合を示すことができたようです。そのAIシステムがはじき出した「保護率39%」という

情報を参考にした上で、一時保護を見送って在宅での見守りとしたところ、母親が4歳の三女に暴行し死亡させ逮捕されるという事件が報じられています（「AI参考に一時保護見送り　4歳女児死亡―三重県」時事ドットコム2023年7月11日記事など）。

　この事件の詳細は分かりませんが、「参照すれども妄信せず」というのが肝心ではないかと考えますが、このような話はAI固有の話ではなく、専門家や専門機関が使用するツール一般について昔からある問題です。

　例えば、欧米では、医師が医学書に記載されたとおりの濃度で食塩水を患者に注射をしたところ、医学書の小数点が1桁ずれていて患者が亡くなってしまった事例や、パイロットが航空地図に従って空港に着陸しようと降下したところ、地図の縮尺が見誤りやすい記載となっていて墜落してしまった事例などが知られています。

澁谷　医師のマニュアルやパイロットの地図にもハルシネーションがあったということですね。

児島　最近では、AIについての技術力が足りないにもかかわらず、流行っているからとサービスにAIを入れたことを販促のために宣伝する業者が跋扈しつつあるという話を聞きます。企業として、生成AIを活用していく上で、付き合う業者をどう選定し、監督するかも重要になってくるように思います。

　どの程度の費用で何ができるかを競合他社と比べる作業をCIOの指揮下で進めてもらう必要もありますね。AI業者に対する目利き力が求められます。

澁谷　システム開発で一旦特定のベンダを起用したらどんどん固有のカスタマイズをされて他社への乗換えが不可能になっていく「ベンダロックイン」という問題がありますが、生成AIの組み込みの開発などが「AIベンダロックイン」にならないように設計・開発・運用を監督することがCIOに求められますね。

　　生成AIに質問を入力すると質問したデータがAI業者のサーバーに保存され、場合によってはそれが海外サーバーであることもあり得ます。金融機関でもクラウドサービスを活用しているところも増えています。生成AIやクラウドサービスがグローバルに提供されていく中で、企業は秘密保持やデータ管理についてどう対応していくべきでしょうか。

児島　政府が国会答弁の作成や各行政機関のその他の業務に生成AIを活用する考えを示したことも報道されていますね。その前提として、サーバーを国内に設置するとしても、またAI業者側に守秘義務を課すとしても、国の中枢機能を左右する最新情報を国外企業の支配下にあるシステムに入力することには、個人的にはかなりリスクを感じます。また、生成AIが下書きした質問に対して、生成AIが下書きした模範解答を読み上げる場に国会がなるというような日が来るとすれば、いろいろな意味で懸念を感じるところです。特に同じ業者の生成AIが問と答の両方を下書きしているとすれば、自作自演とか双方代理とまでは言わぬまでも、形骸化しないかが気になるところです。

澁谷　AIシステム上やクラウドシステム上で業者側が秘密情報

にアクセスできないような設定にするというデジタル的対応については限界があります。利用企業とAI業者の契約、利用企業とクラウド業者との契約で守秘義務を課す、違反があった場合は損害賠償請求権などペナルティが発生するというアナログな方法で防止せざるを得なくなる面があります。そういった点を押さえて対応していくこともCIOの仕事になってきますね。

5　DX推進のための人材獲得・育成をどう行っていくべきか

⑴　デジタル人材の獲得・育成

澁谷　次にDX推進のための人材獲得・育成をどう行っていくべきかについて議論したいと思います。

　三井物産の真野さんのインタビューでは、DXを推進するためには「ビジネス人材」「DX技術人材」の中間の「ビジネスDX人材」が必要という問題意識がありました。また、ソフトバンクの宮山さんのインタビューでも、営業担当が技術を学び、技術担当が営業に同行するような変革が効果を発揮したというお話がありました。

児島　外部の専門家や専門会社の研修を受けたからといって自社の業務にフィットしたデジタル人材になれるとは限りません。自社にフィットしたデジタル人材となるためには、宮山さんのおっしゃるようにIT・デジタル系の人材が営業部門で

実際に営業するとか、逆に、営業系の人材がIT・デジタル部門でそれらの実務に従事するといった形で、自社内の両部門間で人材を相互交流させ、両部門の知識・経験を有する、いわば複眼的な人材を内製化するのが有効と考えます。

ただ、近時ますます「石の上にも三年」とは正反対の気風が広まっているようで、自信や経験のない部署に異動させたり、無理にローテーションさせたりしようとすると会社を辞めてしまって元も子もなくなるケースも珍しくないようです。

そこで、無理のないやり方の１つの工夫として、社内又はグループ内での副業という方法で部分的に人材交流を図ることも考えられます。例えば、IT部門の人材が、１週間の労働時間のうち30％だけ営業部門の業務に従事する、といった取組が考えられます。

澁谷 デジタル人材の獲得については希少な人材の奪い合いになっており、日本企業の年功序列の賃金テーブルにはめ込む形での採用ですと、例えば20代・30代の優秀なデジタル人材は20代・30代の賃金テーブルの給与額では来てくれないという問題があります。そういった問題意識から年功序列の賃金テーブルを修正し、年齢は関係なく職務定義ごとに賃金が決まるジョブ型的な要素を人事制度に取り入れる会社も増えてきました。

先ほどの「適性に合った仕事しかやりたくない」という人もジョブ型的な仕組みにフィットします。

他方、コーポレートガバナンス・コード補充原則４－１③

がいうところのCEOの後継者計画という観点からしますと、CEOは営業も製造も法務もリスク管理もIT・デジタルもある程度分かっている必要がある。後継者候補にも幅広い分野を経験してもらい、経営の各分野について土地勘を持ってもらう必要があります。

そのため、同じ会社の中でも、専門分野を一貫して担当してもらうジョブ型的なキャリアパスを歩む人材と、後継者候補として選抜されてデジタルを含めいろいろな部署を経験していく人材とに分かれていくことになります。

実際、ジョブ型的人事制度を取り入れた日立製作所や富士通では後継者候補の人材が30代の段階から選抜されることもあるとのことです（澁谷前掲書24頁、33頁）。

児島　ただ、銀行について見ると、店舗の支店長としてお客さんを満足させていて、営業現場に高度の適性がある人が、出世して次第に管理や法務などの非営業部門の業務だけに従事するようになる例があります。これは少しもったいない気もします。

(2)　役職員のデジタルスキルのリスキル

澁谷　デジタル人材の育成のためには既存の役職員のリスキルも重要になってきます。三井物産の真野さんのインタビューでは、経営陣は学ぶ意欲が旺盛、若手も旺盛、室長から部長などの中間層の意識改革には課題があったというお話がありました。

児島　真野さんのお話にあった「リスキルしなければクビにな

る、リスキルすれば給料上がる」ということに尽きるのでは
ないでしょうか。透明性のある評価制度とともにリスキルの
制度を導入するというのが正解になると考えます。

　また、リスキルの際の社内研修の在り方については、今
後、生成AIの影響が出てくると思います。

　アメリカでは、2022年の新たなChatGPTのリリース以降、
研修プログラム、Ｅエデュケーションを提供する会社の株が
急落しました。今後は、生成AIを使用しない従来型のプログ
ラムを用いたリスキリングは下火となり、生成AIを使ったリ
スキリングがコスパ・タイパが良く、かつ一人一人の受講者
ごとにきめ細やかな出題・添削・助言等の指導をしてくれて
効率が良いとの評価を受けて主流となっていく流れを感じま
す。

　ただ、汎用性の高い分野でリスキリングに成功すればする
ほど、その人材が他社に引き抜かれてしまうという悩みがあ
ります。少子高齢化に伴う労働人口不足に加えて、IT人材に
ついては専門性の高さもあいまって、既に採用時の年収が高
騰するとともに、専門のヘッドハンティングビジネスも隆盛
です。

澁谷　悩ましい話ですが、その点の問題意識に対して、コーポ
レートガバナンス・コード補充原則３－１③、４－２②の
「人的資本への投資等」の要請への対応の在り方を示す経済
産業省「人的資本経営の実現に向けた検討会報告書～人材版
伊藤レポート2.0～」は「新たなスキル・専門性の必要性や、
それを用いることで期待される成果について社員の理解が進

127

むよう、リスキル後に社員に期待するポジションやミッションを明示する」「リスキル後に期待される報酬水準を可能な限り明確にし、リスキルを後押しする」「その際、他社や市場で期待される報酬水準を参照し、リスキル後の報酬が十分に魅力的であるか、検証する」という「工夫」を推奨しています（60〜61頁）。「どうせ辞めてしまうからリスキルに金や労力は使わない」という発想は誤っているということですね。

児島　「自社からも取られてしまうけれど、他社からも取ってくることができる時代になった」という意味では、リスキリングの盛り上がりの結果、中途採用マーケット全体としては昔よりスキルが高い人を取りやすい豊かな人材プールになりました。マクロに見ればいずれの会社も状況は好転したと前向きに考えるべきでしょう。そのような中で、自社の人材流出を防ぐ工夫としては、給与だけでなく、年金や退職金に加えて福利厚生の充実も考えられます。

澁谷　後は慰留したい期間の譲渡制限が付いた株式報酬ですね。

⑶　役職員のデジタルスキルの見える化

澁谷　三井物産の取組として、デジタルスキルの向上の見える化のための社内認証制度の整備という真野さんのお話がありました。

児島　社内認証制度という選択肢もありますが、自社の認証制度は策定・運用にかなりのリソースがかかります。そこで、

金融機関の場合に従来から見られるように、外部団体の検定制度を併用することも有効と考えます。例えば金融業界であれば、「金融業務 3 級　DX（デジタルトランスフォーメーション）コース（金融DXアドバイザー認定試験）」といった試験があります。こういった資格を社内での昇任条件の一要素にし、場合によってはより高度な試験にチャレンジしてもらう環境を作っていくなどの工夫が考えられます。外部団体の資格は全国一律なので透明性も高い。また、本人にとっても、転職や再就職などに当たって履歴書に加点事由として記載できるポータビリティのある資格の方が、取得のインセンティブも湧きやすいというメリットもあります。

澁谷　デジタル系であれば経済産業省系の情報処理推進機構（IPA）の基本情報技術者試験や情報処理安全確保支援士などが有名ですね。ただ、自社業務に固有なデジタルスキルを見える化する場合は社内認証制度が必要になってきますね。

児島　原則として評価の確立した外部団体の検定や認証制度等を活用しつつ、カバーしきれない部分については社内認証制度を活用するのが効率的かもしれません。

⑷　生成AI利用のための役職員のリスキル

澁谷　DX全般ではなく、生成AIの活用のための役職員のリスキルについても議論したいと思います。

児島　一般に、①AIに適切な指示（プロンプト）を与える能力、②AIがあたかも本当のような嘘をつく「ハルシネーション（幻覚）」を見抜く能力が特に必要とされていますね。

澁谷　ハルシネーションの問題に加えて、本対談の段階（2023年7月）では、難しい問題について聞くと木で鼻を括ったような毒にも薬にもならない回答（以下「木鼻回答」）しか返ってこないという問題もあると考えます。例えば試しに今ChatGPTに「システム障害を起こした会社の取締役は損害賠償責任を負いますか」と入力すると一般的な話が4段落記載された後、「重要な点として、損害賠償責任を検討する場合は、専門の法律顧問や弁護士に相談することが重要です。具体的な状況や法的な規制によって異なる可能性があるため、専門家の助言を受けることでより適切な判断ができるでしょう」と言われてしまいます。私の知人が奥さんと喧嘩した時に和解の方法についてChatGPTに相談したところ「よく話し合ってください」という木鼻回答をされただけで役に立たなかったと言っていました。

　また、ChatGPTはインターネット上にある情報とオープンAI社が読み込ませたその他の情報などを学習しているにとどまるため、読み込んだ範囲内の情報に解が存在しない問題については適切な回答はなされません。

児島　そういった限界をふまえつつ、トップから新入社員まで、日頃から生成AIを使っていくことが重要です。自転車に乗ることや、包丁を使うことと同じで、まずはいろいろな生成AIをいろいろな場面で使ってみる、「習うより慣れよ」が、生成AI利用のための役職員のリスキルにおける当面の鍵と考えます。企業秘密や個人情報等の入力については十分に事前研修と事後のモニタリングをしつつも、各役職員の業務に積

極的に使うように推奨する方向に早急に舵を切らないと、会社に隠れて利用するというコントロールもモニタリングも及ばない生成AI活用がはびこり、かえって大きな問題に発展するリスクを抱えることになってしまいそうです。周りの同僚の使い方も見つつ、本人も使い込んでいくと、こういうプロンプトで質問したら回答のこの部分がハルシネーションだったとか、回答もここからは堂々巡りだから後は人間が考えるしかないなどの適切な使い方のコツや限界も体感され共有されていきます。

　サントリーホールディングスの新浪社長も「試行錯誤して遊んでいます。会食前に会食相手についてAIに調べさせています」とおっしゃっていました（「学び直しは熱望から」「サントリーHD新浪社長に聞く」日経MJ2023年7月24日）。

　役職員のうち、特に上司の立場にある方々の場合、リスキルの内容の一部として、生成AI利用に伴う新たな労務管理上の様々なスキル、例えば「AIハラスメント」とでも言うべきものへの対応スキルも習得すべきと思うのですが、いかがでしょうか。生成AIにも処理可能な業務をめぐっては、どのようなハラスメントが想定されますか。

澁谷　「お前の仕事はAIよりも劣る」とか「お前のドラフトはChatGPT以下だ」とかを部下に言う上司が出てくると思われます。

児島　生成AIに作業させると、何十回やり直しを命じても全く嫌がらずに愚直に直してきます。一旦ChatGPTにお前は駄目だと言ってGoogle Bardにやらせてみて、それでも駄目

131

でChatGPTに戻ってきて後始末の作業をさせてもChatGPTは嫌な顔をしません。人間の部下の場合、さすがに何十回も駄目出しすると最近は「パワハラ」と言われる懸念があります。生成AIの速さや愚直さに慣れてしまうと、同程度の速さや愚直さや忍耐力をついつい生身の部下にまで求めてしまう上司が増えるかもしれません。

　生成AI利用を社内で広く認める場合には、上司の眼から見ると、生身の部下と生成AIとの使い分けや役割分担をうまくマネジメントしていく必要があります。もっと率直に言えば、生成AIの方が「早い・安い・うまい」仕事ができる場合には、当該上司が、直接に生身の部下ではなく生成AIにやらせるか、あるいは生身の部下に「生成AIにやらせるように」と指示するのが経営資源の効率的活用ということになります。

6　DX推進をいかにガバナンスするか

澁谷　デジタル化推進の戦略は立てた、しかし、実装まで進まないという問題が多々起こっていることが指摘されています。三井物産の真野さんの問題意識としてはそうならないために実装まで責任を持つ司令塔機能を持つ部署が必要というお話でした。DGコードや知財・無形資産GLでも指摘されていますが、戦略が実行されているかを評価し、実行されていない場合は改善を促すガバナンスが必要になりますね。

児島　一般的にはそのとおりと思います。ただ、生成AIの活用

については現在、ダムが決壊したように利用者が急増しています。DX化のうち生成AI導入に限っては、進まなくて困るのでどうやってアクセルを踏むかというよりは、企業秘密の流出や第三者の知的財産権侵害の防止といった行き過ぎが懸念され、どのようにブレーキを掛けつつハンドルをコントロールするかを検討すべき状況に見えます。ですので、生成AIとの関係では、そのような抑制方向のガバナンスがますます重要になってきていると思います。

澁谷　評価の在り方については、ソフトバンクの宮山さんの問題意識として、デジタル施策は短期間で結果が出ないことが多いのでKPIはある程度中長期であるべきというお話がありました。

児島　これも一般的には賛成です。ただ、生成AIについては、自社のサービスにGPT 4 をプラグインするとか、メガバンクがマイクロソフトの生成AIソリューションを取り入れるといった話、さらにはメガバンク 3 行や大手保険会社等が加入している金融データ活用推進協会が生成AIの活用に向けた共通指針を年内に策定するとの報道がなされており、令和 5 年 8 月 1 日には法務省が企業間契約書等のAIによる審査に関する指針を公表するなど、各種の業界団体や官庁を巻き込みつつ企業における生成AI活用が急スピードで進展しています。このような生成AI導入を巡る環境変化に乗り遅れず、競合他社にスピード感で負けない経営をするには単年度のKPIも併用していく方が良いように思います。

澁谷　取締役会構成との関係では、知財・無形資産GLが「知

財・無形資産に関する知見を取締役のスキルマトリックスを構成する一つの要素として位置づけること……も有効」と推奨しています（55頁）。

児島　「デジタル・IT」のスキルを取り入れた結果、他の取締役と親子ほど年の離れた若い人や、日本語や日本文化にはあまりなじみがない外国人が取締役になったりということもますます必要になってくるでしょう。

澁谷　これまでスキルマトリックスで特定の取締役について「デジタル・IT」に〇が付いていてもその人が本当に「デジタル・IT」のスキルがあるのか疑問である、というケースがままありました。まだその傾向がなくなったわけではありませんが、主要企業の2023年3月・6月の株主総会招集通知の取締役選任議案の箇所に記載されているスキルマトリックスを見ましたところ、ガバナンスが進んでいる会社では実質の伴っている取締役にだけ〇を付けよう、なんでもかんでも〇を付けすぎないようにしようという会社も出始めています。

　そのような役員指名による評価に加えて、DXの推進の取組が優れていて実績が出た場合には業績連動報酬で報いるように設計することも考えられます。

児島　先ほど申したとおり、生成AI活用については役員報酬のKPIにしなくても自発的にどんどん推進されていきそうです。例えば、マイクロソフトのWordやExcelその他に生成AIがCo-Pilotとして標準装備された場合、役員報酬のKPIにするまでもなく各職員は画面右上のブルーの「上のCo-Pilotの起動」ボタンを押し始めると思われます。もちろん、生成

AI活用以外のDXの取組については役員報酬のKPIにしていくことも望ましいと考えます。

澁谷 デジタル化の戦略の策定、実行を投資家に説明する場合については、三井物産の真野さんが機関投資家とやり取りされたご経験から、投資家は、戦略の策定のP（Plan）、実行のD（Do）だけでなく、結果が出たかどうかのC（Check）、その後の改善のA（Act）まで聞いてくる、そこまでの準備が必要だとの問題意識をお話されており、総括としても重要なご指摘でした。

第 3 章

企業が実践すべき
デジタルガバナンス

本書では第1章でデジタル戦略に関わる公的指針の内容を紹介し、第2章ではインタビューを通じて三井物産、ソフトバンクというデジタル化の先進企業がどのような方針や体制のもとでデジタル化を推進してきたかをリアルに確認した。知財戦略の第一人者である正林弁理士の見解も伺い、筆者両名で検討した。

　本章では以上をふまえて、企業がどのようにしてデジタル化（DX）の推進をガバナンスすべきかについて検討する。

1　「デジタル」化推進を「ガバナンス」するとは？

　本書が「デジタルガバナンス」をテーマとしたのは、序章で述べたように日本企業におけるデジタル化の進展の遅れについて人材や資金が足りないというだけでなく、企業のガバナンス上の阻害要因があるのではないかという問題意識に端を発している。

　では、そもそも企業のガバナンスとは何か。

　日本のコーポレートガバナンス・コード（以下「CGコード」）は「『コーポレートガバナンス』とは、会社が、株主をはじめ顧客・従業員・地域社会等の立場を踏まえた上で、透明・公正かつ迅速・果断な意思決定を行うための仕組みを意味する」と定義しつつ（2021年改訂版1頁）、「基本原則」4において「取締役会等の責務」として「上場会社の取締役会は……企業戦略等の大きな方向性を示すこと……独立した客観的な立場から、経営陣……に対する実効性の高い監督を行うことをはじめとす

る役割・責務を適切に果たすべきである」としている。

　日本のコーポレートガバナンス・コードのモデルとなったイギリスのコーポレートガバナンス・コードの1992年の初版は「コーポレートガバナンスとは企業を監督し統制するためのシステムである……取締役会の責任には、企業の戦略目標を設定すること、それを実現するためのリーダーシップを発揮すること、経営を監督し、受託者責任（stewardship）に基づき株主に報告することを含む」としている（筆者訳）。

　アメリカの主要企業のCEOをメンバーとするロビー団体であるビジネスラウンドテーブルの「コーポレートガバナンス指導原則」は「取締役会は持続的な長期の価値を確立するための戦略を承認し……会社の経営においてCEOと経営陣を監督する」としている（筆者訳）。

　日米欧の38か国が加盟するOECD（経済協力開発機構）の理事会は加盟国にコーポレートガバナンスの整備を促す「コーポレートガバナンスの原則に関する理事会の推奨」において「取締役会の責任」として「コーポレートガバナンスの枠組みは、会社の戦略の指導、取締役会による経営の効果的な監督、会社と株主への取締役会の説明責任を確保すべきである」としている（筆者訳）。

　つまり、企業の経営陣が戦略目標を設定し、実行することを取締役会が監督を行い、株主はじめステークホルダーに報告を行うことがコーポレートガバナンスの中核の1つをなす。

　このように戦略目標を設定・実行し、監督するという発想の歴史は古い。

19世紀にプロイセン軍の参謀であったクラウゼヴィッツは「戦略は戦争の目的のために戦闘を使用することであるゆえ、戦略は全軍事行動に対して、その目的に適った目標を定めなければならない。つまり戦略は作戦計画を立案し、行動の手順をその目標に結びつけ、行動が目標を達成するように按配する」と述べている（C.V.クラウゼヴィッツ著、清水多吉訳『戦争論　上』246頁（中公文庫、2001年））。

　クラウゼヴィッツの戦争戦略論は経営学上の戦略論に大きく影響した。例えば、ドラッカーは1954年の著書で「事業の目標は、事業の存続と繁栄に直接かつ重大な影響を与えるすべての領域において必要である……それらの領域における目標が、事業の内容を具体的に規定する。事業が目指すべき成果とその実現に必要な手段を教える」と述べている（P.F.ドラッカー著、上田惇生訳『現代の経営　上』83頁（ダイヤモンド社、2006年））。

　戦略目標設定→実行→監督という「ガバナンス」をデジタル化の推進において行えば「デジタルガバナンス」となり、知財・無形資産施策の推進において行えば「知財・無形資産ガバナンス」となる。

　第1章で紹介したように、知財・無形資産GLやDGコードも戦略目標設定→実行→監督という項目立てとなっている。

　その上で上場企業であれば、戦略目標設定→実行→監督の取組を株主・投資家へ開示し、対話することが必要になる。

　以下、具体的に検討する。

2 戦略目標の設定

では、企業はデジタル化（DX）の戦略目標をいかに設定すべきか。

⑴ DX 3 類型

DXはDGコードも述べているとおり、次の 3 つに分類され得る。

> ① 効率化・省力化を目指したITによる既存ビジネスの改善
> ② 新たな収益につながる既存ビジネスの付加価値向上
> ③ 新規デジタルビジネスの創出

1 つ目のDXによる既存ビジネスの効率化の例は、生成AIを活用した書類作成作業の効率化、営業管理ツールを活用した営業担当者の業務の効率化などがこれに当たる。

2 つ目のDXによる既存ビジネスの付加価値向上の例は、第 2 章の三井物産の例で言えば、出資先の東南アジアの病院グループの医療サービスに医療データ活用を行うことで「患者体験」を高めるサービスを追加したことが挙げられる。

銀行のサービスで言えば、窓口で長時間待たされないと受けられなかった預金、融資、為替といった既存サービスがスマホアプリで完結するようにすることで顧客の利便性が増すといっ

た例がある。

　3つ目のDXによる新規ビジネスの創出の例としては、第2章の三井物産で言えば、従来、同社が所有する森林は維持費がかかる一方で収益化が難しかったが、セスナからの電波反射を用いた航空測量によってCO_2排出権認証を効率的に取得できるようになるというそれまでにない全く新しいビジネスを創出した例がある。

　また、第2章で見たソフトバンクの例ではデジタル技術を活用してそれまでに存在しなかった次のようなビジネスを創出している。

●交通データなどの公共データと同社が通信会社として保有する人流データのような民間データを共通の基盤の上で活用できるようにし、小売業、物流業、医療などの業界で活用してもらう「データ連携基盤」

●従前は担当者の目視で行っていたガスメーターや水道メーターの検査をメーターにインターネット通信ボードを設置して検査を自動で行うことができるようにする「スマートメーター向け通信ボード」

●通信会社として基地局を通じて取得した人流データを公共スペースの設計の改善や小売店や飲食店の来店予測、スタッフ配置の効率化、在庫仕入れの最適化に役立てる「全国うごき統計」

⑵　DX 3類型ごとの戦略目標設定

　このようにDX戦略といっても3つの類型はそれぞれ性質が

異なるため、目標設定にも異なる考慮が必要となる。

　1つ目のDXによる既存ビジネスの効率化で言えば「管理部門の作業量の●％削減」「営業部門の顧客管理作業量の●％削減」といった目標設定をすることが考えられる。

　2つ目のDXによる既存ビジネスの付加価値向上であれば「既存サービスにデータ／AI／インターネットといったデジタル技術を活用した新たなサービスを追加し、その事業の売上げを●年以内に●％上昇させる」といった目標設定をすることが考えられる。

　3つ目のDXによる新規ビジネスの創出であれば、「データ／AI／インターネットといったデジタル技術を活用した新ビジネスを創出し、その事業の売上として●年以内に●円を達成する」といった目標設定をすることが考えられる。

(3)　DXによる新規ビジネスの創出のための観点

　DX3類型の中では3つ目のDXによる新規ビジネスの創出が最も難易度が高い。

　前述した三井物産やソフトバンクにおいて実際にDXによる新規ビジネスの創出ができたのは、それを発案し、実現できるだけの人材、資金、体制、カルチャーがあったからであると言える。

　ただ、2社の例を注視すると、そこまでの人材、資金、体制がない会社でも参考になるヒントが見いだされる。

　三井物産の森林CO_2排出権ビジネスは「林業のために<u>従来から保有している森林からCO_2排出権を得ることで収益できない</u>

か」という課題が設定され「担当者の目視では作業が困難」という解決すべき問題が見いだされ「セスナからの電波反射を用いた航空測量」という解決策が考案・実行された。

ソフトバンクの「全国うごき統計」は「携帯電話事業のために従来から保有している人流データを提供することで収益化できないか」という課題が設定され、公共スペースの設計改善、小売店の来店予測、スタッフ配置効率化、在庫仕入れ最適化といった点での活用可能性が抽出され、新サービスが考案・実行された。

共通するのは、自社が従前から既存業務のために保有しているリソースにデジタルを活用して別のビジネスを創出するという方法論が採られている点である。

知財・無形資産GLも「戦略構築の流れ」の最初において「自社の現状のビジネスモデルと強みとなる知財・無形資産の把握・分析」を求めている（38頁）。

第2章で見た正林弁理士の「『……ビジネスモデル特許がとれるようなビジネスモデルがない』というのは、ビジネスを拡大するための方法が考えられていない……競争するネタがない、コアコンピタンスがない」という考え方にも通じる。

既存業務のために従来から保有している自社のリソースにデジタル技術をいかにして掛け合わせていくかの検討が戦略目標設定の要諦になる。

⑷　ルールメイキングの観点

DXによる新規ビジネスの創出については、これまでにない

新たな事業が創出されることから既存の法令に抵触するかどうかが不明確な場合もある。

　そのため、戦略目標設定の前提として、法令上の疑義を払拭しておく必要が生じる場合もある。

　このようなアクションは、新たなルールの形成とも言えるため「ルールメイキング」と呼ばれることもある。

　その場合に活用し得る主な制度としては、次のものがある。

①　ノーアクションレター制度：事業活動に係る行為が法令の適用対象となるかを所管行政機関に確認する制度（2001年3月27日閣議決定「行政機関による法令適用事前確認手続の導入について」に基づき各省庁が整備）

②　規制のサンドボックス制度：計画の認定を受け、参加者や期間を限定することで既存の規制の適用をうけることなく新技術の実証を行うことができる制度（産業競争力強化法第2章）。DXとの関係ではIoTや電子契約システムなどについて利用実績がある。

③　グレーゾーン解消制度：新事業実施に際して、事業計画に即し規制の適用の有無について事業所管大臣を経由して規制所管大臣に確認できる制度（産業競争力強化法第2章）

④　新事業特例制度：新事業を行おうとする事業者が支障となる規制の特例措置を提案し、安全確保等を条件に事業者単位で特例を受ける制度（産業競争力強化法第2章）

AIによる契約書審査サービスについては、グレーゾーン解消制度を利用して弁護士法違反とならないかを照会した企業に対して法務省から「違法の可能性が否定できない」との回答がなされていた（日経電子版2022.10.14等）。

　2023年8月、法務省大臣官房司法法制部は「AI等を用いた契約書等関連業務支援サービスの提供と弁護士法第72条の関係について」との文書を公表し、AIにより「事件性」がある契約書審査や非定型的な内容について契約書が表示されるサービスなどを有償で提供した場合には違法となるが、特段の紛争なく基本契約に基づき物品を調達する契約書を締結するような場合の契約書の審査やサービス提供者が保有するひな型が表示されるにとどまるような場合であれば適法とするなど一定の適法／違法の線引きが明確化された。デジタル技術に関する事業者と行政とのコミュニケーションにより法改正を経ずにルールメイキングがされた事例と言えよう。

　第2章で見た三井物産が、前述したCO_2排出権の認定についてJ-クレジット委員会が「実測でなければ認証しない」としていたものに対し、専門家の意見を取得して説得を続けて航空測量による排出権認定を得るに至ったこともルールメイキング活動と言い得る。

　メガバンク3行や生損保などの大手金融機関が加入する金融データ活用推進協会が生成AIの活用についての指針を2023年内に策定する動きが報じられたが（日経電子版2023.6.28記事）、このような法規制の前段階で業界団体による自主規制により新技術の活用とリスク防止のバランス調整を図ることも、生成AIの

活用というDX戦略目標の実行のために必要なルールメイキングと言えよう。

3 戦略実行のための体制構築・運営

⑴ 体制構築・運営の5つのテーマ

　戦略目標を設定しても、目標に向けた実行を行うための体制が構築されていなければ実行ができないか、不十分となる。

　序章でも論じたが、みずほ銀行が商品・サービス開発の機動性向上やシステムの安定性のレベルアップという戦略目標のためにシステムを刷新するという戦略実行をすること自体は正しかった。

　しかし、システム障害が発生してしまった。

　みずほフィナンシャルグループが設置した調査委員会の報告書はシステム障害の「組織全体」の要因として、システム担当部門と顧客対応部門の連携不足、情報を一元的に集約・分析して対策を立案・実施する危機管理体制の弱さ、システム構築後の運用管理体制の脆弱化、人材の育成・配置・訓練の問題といった点を挙げた（同社システム障害特別調査委員会「調査報告書（公表版）」（2021年6月15日）86〜89、113頁）。

　このことは戦略目標設定とその実現手段が正しくとも、実行のための体制が不十分であれば目標は達成できないことを示している。

　では、企業はいかにしてDX戦略の目標設定・実行を行うた

めの体制整備を行うべきか。

　第1章で紹介したDGコードや知財・無形資産GL、第2章の優れたDX推進体制を構築している企業の実践から体制整備を要するテーマをまとめると以下の5点に集約される。

---

① 　DX推進に対する経営トップのコミット

② 　DX推進のための予算確保

③ 　DX推進の司令塔となる役員、部署の設置

④ 　DX推進のための各部門の連携体制の構築・運営

⑤ 　DX人材の定義・育成・獲得・慰留の仕組みの構築・運営

　以下、具体的に論じる。

⑵　DX推進に対する経営トップのコミット

　DX推進や知財・無形資産強化のための施策がIT部門や知財部門だけの問題とされ、経営トップがあまり関心を持たず、その結果、推進が停滞している企業が多々見られると指摘されてきた。

　経営トップが関心を持たなければDX推進のための予算の確保も消極的になり、DX推進の担当者にその会社のエース級の人材の投入もなされない。戦略目標の設定も困難となる。

　その結果、DX推進に経営トップがコミットした会社とそうでない会社とでは数年で埋めがたい競争力の差が生じることにもなりかねない。

　DGコードは「経営方針および経営計画（中期経営計画・統合報告書等）において、DXの推進に向けたビジョンを掲げている」ことを優れた「取組例」として挙げている（5頁）。

　知財・無形資産GLは「知財・無形資産の投資・活用戦略を着実に進めるためには、知財部門や研究開発部門など社内の一部に任せておけばよいという問題ではなく、経営トップ自らが部門間の連携や経営資源配分の取組について適切に把握・理解し、経営トップの責任の下で社内の関係部門が横断的かつ有機的に連携した全社横断的な体制を整備することが重要である」としている（54頁）。

　第 2 章で見た三井物産では、CDIO（Chief Digital & Information Officer）を委員長、常務を副委員長とし、CFO、CSO、CHRO、デジタル総合戦略部長などを委員とした「情報戦略委員会」を経営会議の諮問委員会として設置することでDX推進施策を経営会議の主要テーマとすることができる体制を構築している。

　上場の有無や企業規模にもよるが、取締役会や経営会議の下部委員会としてDX推進に関する委員会を設置することや、中期経営計画にDX推進を織り込むなどして経営トップがDX推進にコミットしていくことが求められる。

⑶　DX推進のための予算確保

　採用するDX推進策の内容や規模にもよるが、DX推進のための予算が確保される必要がある。

　DGコードは「DX推進のための予算が一定金額または一定

の比率確保されている。それは他のIT予算と別で管理されており、IT予算の増減による影響を受けないようになっている」という仕組みを予算確保のための優れた取組例として挙げている（8頁）。

　例えば、DXとITの予算が同一の枠内で管理される仕組みの場合、システム障害が起こってその対応に臨時で大幅に予算を費消した結果、DX推進には予算が回らなくなり、その結果、競合ではDXが進展し、自社は停滞するということも起こりかねない。

　DX推進とITの予算を別管理とすることは適切な選択肢の1つと言えるだろう。

　また、DXによる新規ビジネスの創出といっても、関連技術について既に競合他社などが特許を取得していたとすれば投資が無駄になる。逆に、新規ビジネスを創出しても権利化をしていなければ競合にすぐに模倣され収益化できないことにもなりかねない。

　第2章で見た正林弁理士の新規ビジネスに成功したければ資金調達をしてでも知財対応をすることが必要であるという指摘が重要である。

⑷　DX推進の司令塔となる役員、部署の設置

　前述のように経営トップのコミットが確保できたとしても、経営トップはデジタルと直接関係しない業務や管理部門など会社業務の全領域を管掌しており、DX推進のみに注力することができるわけではない。

　そのため、DX推進の戦略目標、実行手段の検討、実行開始後の進捗管理、各部門の連携体制の構築、DX人材の育成・獲得・慰留施策の実施などについて責任を負う役員、部門が必要となる。

a　CDO、CIO等

　DGコードはDX推進をミッションとするCDO、技術・研究開発を統括するCTO（Chief Technology Officer）、ITを統括するCIOなどが「組織上位置付けられ、ミッション・役割を含め明確に定義され任命されている」「DXを推進する、組織上位置付けられた専任組織がある」ことを優れた「取組例」として挙げている（8頁）。

　知財・無形資産GLは「企業の将来価値創造に対して、経営トップと責任を共有する責任者（例えば、Chief Future Value Creation Officer：CFVO）を明確化」することを挙げ、「差別化の源泉としての自社の知財・無形資産を棚卸すること」、あるべき「将来の姿」を「研究開発方針や技術方針に反映すること」、「知財・無形資産の投資や管理・活用を、組織としてどういう形でコントロールし、展開・運用しているかを取締役会で報告すること」などを職責とすべきとしている（55頁）。

　第2章の児島・澁谷対談で論じた生成AIに関しては、利便性だけでなく、秘密漏洩や著作権侵害のほか、AIの誤った回答に沿った行動をすることで生命・身体・財産の危険が生じるなどのリスクもある。また、様々なAIベンダが林立することが予想されるが、起用を誤ると「ニセAI」を利用することとなった

り、AIベンダにロックインされデジタル予算使用の効率性が損なわれたりするリスクもある。今後、企業としての生成AIの利用方針やAIベンダの起用についての検討を主導することもCIOの職責の１つになってくるものと考えられる。

b　CDO、CIOの他部門との兼務の可否

DX推進担当役員が他の財務、人事、法務、コンプライアンスといった管理部門の管掌を兼務することの可否については、第２章の三井物産の真野氏のインタビューや筆者両名の対談でも検討したが、兼務は必ずしも否定はされないものの、DX推進の管掌に十分なエネルギーが割けなくなるほどの兼務は行うべきではない。

また、第２章の児島・澁谷対談でも論じたように潜在的に利益が相反する業務の管掌を兼務することも避けるべきである。例えば、財務などコストカットにモチベーションを持つ部署の管掌と、コストをかけてDXを推進する部署の管掌を兼務してしまうと、財務の管掌を全うしようとするとDXに十分な予算が確保できなくなり、DXの推進の管掌を全うしようとするとコスト節減が難しくなるということになりかねない。

潜在的に利益が相反する業務は別の役員が管掌することとし、両者の調整はCEOが実施・判断し、その適否を社外取締役が監督するといったガバナンスが望まれる。

c　DX推進部門の設計

第２章で見た三井物産では、当初、DX推進担当は経営企画

部内に置かれ、IT部門とは別であったが、デジタルを実装するためにはDX推進部門と情報システム部門の協力が必要である、「IT基盤がしっかりしているからこそデジタルの挑戦ができる」という発想の下、DX担当とIT部門を統合した「デジタル総合戦略部」を設置し、所管する役員をCDIO（Chief Digital & Information Officer）として副社長が務める体制を採用している。

　建設機械の作業から得られたデータを通信により収集して調査・測量・施工などの作業効率を高めるなどIoTの先駆的企業である小松製作所は、その「スマートコンストラクション事業」の一部を2021年に切り出して新会社EARTHBRAINを設立したが、自社単独でのレベルアップには限界があるとの問題意識から自社の完全子会社とするのではなく、NTTコミュニケーションズ、ソニーセミコンダクタソリューションズ、野村総合研究所の3社も株主に迎えた（「「単独では限界がある」、コマツとトラスコ中山は協業駆使してDXを加速」日経クロステック2023年6月28日）。DX推進部門を切り出して他社も受け入れてレベルアップを図るという先進的な体制構築事例と言えよう。

⑸　DX推進のための各部門の連携体制の構築・運営

　DX推進はDX推進部署だけで完結するわけではない。

　製造、営業、管理部門でDX推進の成果が連携・実装されて初めて完結する。

　連携・実装がなければ企画倒れ、「POC祭り」となってしまい、労力と費用の無駄に終わる。

　みずほフィナンシャルグループの調査委員会もシステム障害

の要因の１つとしてシステム担当部門と顧客対応部門の連携不足を挙げていた。

知財・無形資産GLも「知財・無形資産は、それ単独で価値に結び付くものではなく、ビジネスモデルにおいてその役割や機能が位置付けられることによって、はじめて価値創造につながるという特徴がある。したがって、社内の幅広い知財・無形資産を全社的に統合するための体制や、社内の関係部門が横断的かつ有機的に連携し、経営トップの責任の下で適切な体制を構築することも必要である」としている（55頁）。

第２章で見た三井物産では、前述のとおりCDIOを委員長、常務を副委員長とし、CFO、CSO、CHRO、デジタル総合戦略部長などを委員とした「情報戦略委員会」を経営会議の諮問委員会として設置することで全社的にDXに関与する体制を採っている。

また、司令塔機能を果たすデジタル総合戦略部の組織を化学、エネルギーなどの各事業本部に対応した「フロント」、サイバーセキュリティ等の専門部署である「COE（Center Of Excellence）」、人材開発や内部統制などに関わる「組織マネジメント」、海外拠点に対応する「海外」に分けている。

部門間連携の観点から特に注目されるのが「フロント」である。

従前から「総合商社は縦割りだ」と指摘される課題があった。また、各部門の比較的小さなシステムが他の事業部門との連携が弱い状態となる（サイロ化）という課題もあった。

この課題を解決するために三井物産は、各事業部門にあった

ITシステム担当やデジタル担当をデジタル総合戦略部の「フロント」へ吸収した。

フロントは事業部門と常に密にやり取りをし、事業部門のデジタル・IT面の課題解決に協力している。座席をフリーアドレス制にしている同社では、フロントの社員は1日の半分は事業本部側に座っていて、もう半分はデジタル総合戦略部の側に座っているということもあるという。

このようなフロント・事業部門の連携により、「食料部門が推進したIT・デジタル施策が優れているから、化学部門で実施してもよいのではないか」という発想ができるようになったという。

極めて優れた連携体制の構築手法と言えるだろう。

⑹ DX人材の定義・育成・獲得・慰留の仕組みの構築・運営

以上のようなDX推進体制は、それを支える人材なくしては回らない。

DX人材確保の施策は、必要な人材の定義、育成方法、獲得・慰留方法といったテーマに分かれる。

a DX人材の定義

DX推進のためにどのような人材が必要かという点が検討され、定義されていなければ、育成・獲得のしようがない。

DGコードも「望ましい方向性」として「デジタル戦略推進のために必要なデジタル人材の定義」の「確立」を求め、「取組例」として「DX推進を支える人材として、どのような人材

が必要か明確になっており、確保のための取組を実施している」ことを挙げている（7〜8頁）。

　第2章で見た三井物産では、自社ビジネスに関わる人材を自社ビジネスのスキル・経験を持つ「ビジネス人材」、データサイエンティストなどハイレベルなデジタル技術を持つ「DX技術人材」、ビジネスとデジタルの双方に精通し、ビジネスモデルの設計や顧客ニーズを理解してアイディアを生み出せる「DXビジネス人材」の3つに分類している。

　特に注目されるのは「ビジネス人材」と「DX技術人材」だけでは不十分であり、「DXビジネス人材」が必要であるという問題意識である。

　同社では「DX技術人材」は一定程度外注することも考えられるとしつつ、「DXビジネス人材」は外注できない人材であり、グローバルで100人を内製化する目標を掲げ、徹底的に増やしていく方針を採っている。

　第2章で見たソフトバンクでも同様の発想があり、技術担当者が営業担当に同行して顧客ニーズの把握に努めたり、営業担当者や法務担当者がデジタル技術の研鑽を積んだりするようになっている。

　日立製作所は新人のデータサイエンティストをモノづくりの現場である茨城県日立市の工場に送り込んで3か月間武者修行させ、新人は「必要な実験データがきれいにそろっている大学の研究とは違う。取得できるデータが限られる中で何ができるかを考えた」「現場に実際に使ってもらえるものを作ることが重要」といった学びを得ているという（日経新聞2022.10.27記

事）。

b　DX人材の育成方法

では、そのように定義されたDX人材をいかにして育成するか。

DGコードは主に以下のような考え方を挙げている（7～8頁）。

●リスキリングやリカレント教育など、全社員のデジタル・リテラシー向上の施策が打たれている。その中では、全社員が目指すべきリテラシーレベルのスキルと、自社のDXを推進するための戦略を実行する上で必要となるスキルとがしっかりと定義され、それぞれのスキル向上に向けたアプローチが明確化されている。

●計画的な育成、中途採用、外部からの出向、事業部門・IT部門間の人事異動等

●全社員が、デジタル技術を抵抗なく活用し、自らの業務を変革していくことを支援する仕組み（教育・人事評価制度等）がある

●デジタルに関する専門知識を身につけた社員が、その知識を活用し、より実践的なスキルを身につけられるような人事配置の仕組みがある

第2章で見た三井物産では、教育制度と人材認定制度を整備した。

教育制度は、社長から新入社員まで４万4,000人が受講する
プログラム、前述の「DXビジネス人材」となるためのプログ
ラムがあるほか、座学だけでなく、選抜された社員が１年半で
２〜３件のDXに関するプロジェクトに参加する「ブートキャ
ンプ」という制度を設けている。

　そのような教育を経て、「DXビジネス人材」に認定され、ス
キル向上が見える化する。

　認定を受けても昇給はないが、人事台帳に記載され、デジタ
ル関係のプロジェクトや部署に登用されやすくなり、キャリア
の選択肢が広がるという効果が付されている。

　なお、同社では、部署ごとの研修履修率を社内公表して見え
る化し、「うちの部署は他部署に比べてDXの進捗が遅いな」と
危機感を持たせてペースアップするという手法も採用してい
る。

　「DX銘柄2023」に選定されたダイキンは、企業内大学「ダイ
キン情報技術大学」を設け、これに入学させた新入社員は１年
目にプログラミングなどを座学中心で学び、基本情報技術者試
験合格レベルまでの知識を身に付け、２年目は生産技術や営業
などの社内の各部署で、実際の現場の課題を解決する実践形式
の演習に取り組むという教育制度を採用した。１期生の社員は
工場内の生産管理システムの開発の中心となり、データ取得や
分析、システム開発を「内製でやりきった」という（日経クロ
ステック2023.6.26記事）。

　第２章の児島・澁谷対談でも論じたように社外の資格制度の
活用も有用である。「DX銘柄2023」に選定された大林組ではIT

パスポート、データサイエンティスト検定、AIの検定試験であるG検定の受験を社員に促しているという（日経クロステック2023.6.27記事）。

　DGコードの考え方や、上記の各社の実践のように、教育制度を受講して終わりとするのではなく、学んだ成果が業務における実践やその後のキャリア形成とつながる仕組みを整備することが重要である。

　c　DX人材の獲得・慰留方法

　自社で定義したDX人材の確保が既存の役職員からの育成だけで足りない場合は外部から獲得する必要がある。また、育成・獲得した人材が退職しないよう慰留する必要もある。

　この点についてDGコードや知財・無形資産GLはあまり言及していない。

　優れた人材を獲得し、慰留するために必要なのは、待遇とキャリア形成機会の付与である。

(a)　待遇の整備

　待遇に関する課題としては、デジタル人材のスキルは汎用的かつニーズが高い状況であるため待遇の相場も上昇する。

　自社の賃金制度が年功型であった場合、同年代の従業員の賃金テーブルに当てはめたのではデジタル人材の獲得が難しいということが多々生じている。

　そのため、日本企業の多くが採用している年功型賃金体系を、職務内容ごとに賃金を定める「ジョブ型」へ移行させたり、全面的に移行しないまでもデジタル人材については採用す

るという企業が徐々に増加している。

　自社のDX推進戦略に必要な人材を定義し、職務内容に応じて年功型の賃金テーブルとは異なる待遇を用意し、人材獲得を行うものである。

　デジタル人材の高度化が特に求められる大手IT企業である日立製作所と富士通でジョブ型の人事制度改革が先進的に進んだことはDXとジョブ型が親和的であることを象徴的に示しているといえよう（両社のジョブ型の導入経緯、内容については澁谷展由編『ジョブ型・副業の人事・法務』（商事法務、2022年）を参照されたい）。

　フィンテックを進める銀行業界でも同様の課題があり、みずほ銀行や七十七銀行でジョブ型に近い「ロール（役割）型」人事制度の導入が進められているという報道もある（日経新聞2023.7.25記事）。

　ジョブ型を採用したニコンでは、データサイエンティストなど高度IT人材については若手でも年収2,000万円以上を提示することもあり得る制度としたとのことである（日経新聞2023.5.6記事）。

　また、自社のDX戦略実行に必要なデジタル人材をフルコミットで雇い入れるだけの待遇の準備が難しい場合、週2〜3日勤務してもらう副業人材として受け入れることも選択肢の1つである。

　厚生労働省が「副業・兼業の促進に関するガイドライン」を公表して法的な整理を示し、経団連も副業解禁の「一層の促進」を求めている（日本経済団体連合会『2023年版 経営労働政策

特別委員会報告』74頁）。

　この点、政府におけるデジタル政策の司令塔機能を持つデジタル庁が急速にデジタル人材を獲得する必要性からデジタル庁には週 2 〜 3 日勤務とし、残りの日を民間企業と兼務することを許容しつつ、職員の約 3 分の 1 を民間から採用した試みも参考になる。

(b) キャリア形成機会の整備

　待遇面以外では、外部のデジタル人材はその会社に入社した後にデジタルに関するスキルを活かしつつ、スキルにフィットしたキャリアパスを歩むことができ、人材として成長できることを求める。

　前述した三井物産の取組で「DXビジネス人材」に認定されている従業員がその旨を人事台帳に記載され、デジタル関係のプロジェクトや部署に登用されやすくなり、キャリアの選択肢が広がることとしている点が参考になる。

d　内製化／外注のバランス

　上述したような取組をもってしても自社の戦略実行に必要なデジタル人材の育成・獲得＝内製化が追い付かない場合、外注が選択肢となる。

　第 2 章の三井物産の真野氏、ソフトバンクの宮山氏へのインタビューで論じられたことを中心に内製化と外注のメリット／デメリットをまとめると次の表のようになる。

　三井物産では、前述のように内製化のメリットを重視し、「DXビジネス人材」を中心に内製化を進めている。

図表3-1　内製化と外注のメリット／デメリット

	メリット	デメリット
内製化	・業務実行スピードが高い ・全体が未定のアジャイル開発になじむ ・自社に知見が蓄積しやすい ・自社のビジネスに対する理解度が高い	・雇用に伴う負担がある ・退職により必要な人材が失われる
外注	・雇用に伴う負担がない ・退職により必要な人材が失われることがない	・業務実行スピードが落ちる ・全体が未定のアジャイル開発になじみにくい ・自社に知見が蓄積しにくい ・自社のビジネスに対する理解度が低い

　ソフトバンクでは、設計開発などの主要部分は内製化し、組み込みなど手間暇のかかる作業や情報収集などは外注するといった区分けを行っている。

　図表3-1の示すとおり、内製化にも外注にも一長一短があることから、DX推進に関する業務内容や必要な人材像の特性に従って内製化と外注のバランスを検討する必要がある。

4　戦略実行の成果の評価による監督

(1)　取締役会による経営陣の監督

　以上のようにDX推進の戦略目標が設定され、実行が進めら

れても、一定期間経過後に目標達成の有無が検証され、評価されるというプロセスがなければ不達成となったり、不十分な達成にとどまったりした場合に改善の契機が生じない。

　本章「1」で論じたとおり、デジタルガバナンスは、企業の経営陣が戦略目標を設定し、実行することを取締役会が監督を行うことを中核とするコーポレートガバナンスをDX推進の分野で実践することを言う。

　この取締役会が行うべき「監督」は、「適切に会社の業績等の評価を行い、その評価を経営陣幹部の人事に適切に反映」する役員指名の実施（CGコード原則4－3.）と、「経営陣の報酬が持続的な成長に向けたインセンティブとして機能する」役員報酬制度の運用（同補充原則4－2①）が主たる内容をなす。

　ありていに言えば、経営戦略の実行に関わる経営陣や従業員の実績を人事と報酬で評価することが監督の内実をなす。

　前述した、①効率化・省力化を目指したITによる既存ビジネスの改善、②新たな収益につながる既存ビジネスの付加価値向上、③新規デジタルビジネスの創出という3類型ごとに経営陣が戦略目標を設定し、実行しているか否かを単年度や3年の中期経営計画期間などの業績評価期間ごとに社外取締役が参加した取締役会や指名報酬委員会で評価していくことが必要となる。

　社会のデジタル化の進展に伴って、多くの上場企業でDXが課題となるため、社外取締役にも会社のDX推進施策への取組状況を評価する見識が求められよう。

　以下、具体例を交えて論じる。

⑵　DX推進の役員指名への反映

a　取締役会構成、スキルマトリックスの検討への反映

　2021年に改訂されたCGコード補充原則 4 −11①では「取締役会は、経営戦略に照らして自らが備えるべきスキル等を特定した上で、取締役会全体としての知識・経験・能力のバランス、多様性及び規模に関する考え方を定め、各取締役の知識・経験・能力等を一覧化したスキル・マトリックスをはじめ、経営環境や事業特性等に応じた適切な形で取締役の有するスキル等の組み合わせを取締役の選任に関する方針・手続と併せて開示すべきである」とした。

　これは「中長期的な経営の方向性や事業戦略に照らして必要なスキルが取締役会全体として確保されることは、取締役会がその役割・責務を実効的に果たすための前提条件であるとの考え方」に基づく（金融庁・東証の立案担当者による「コーポレートガバナンス・コードと投資家と企業の対話ガイドラインの改訂の解説」商事法務2266号 8 頁）。

　知財・無形資産GLは知財・無形資産活用についての取締役会のガバナンスの在り方の例として「知財・無形資産に関する知見を取締役のスキル・マトリックスを構成する一つの要素として位置づけること」を挙げている（55頁）。

　したがって、取締役会が株主総会へ上程する役員選任議案を検討する際に、株主総会後の取締役の候補者について、執行側・社内取締役にDX推進に関する「知識・経験・能力」を有する者が含まれているか、監督側・社外取締役にDX推進を監

督するのに適した「知識・経験・能力」を有する者が含まれているかという点を考慮することが求められる。

2021年のCGコード改訂と前後して株主総会の招集通知参考書類の取締役選任議案の項目や東証が開示を求めるコーポレートガバナンス報告書へ取締役会のスキルマトリックスを記載する会社が増加した。

これについては、取締役会の構成を適切に説明している会社もある一方で、「この取締役がデジタルのスキルがあると○がついているが本当にそういえるのか、実際にはスキルがないにもかかわらず○がついているのではないか」と疑問を呈される事例もあり、実質の伴った開示を求める声も上がっていた。

スキルマトリックス開示の実務が開始して数年経過した本書執筆時点である2023年6月総会後においては取締役会構成の説明を充実させている会社も増加しつつある。

例えば、リクルートホールディングスの2023年6月2日付の招集通知（図表3－2参照）では、スキルマトリックスの中に「テクノロジー」というスキル項目を設定し、社内取締役4人全員に○を付け、社外取締役4人中2人に○を付けている。

その上で、取締役が「テクノロジー」のスキルを有している理由について、例えば出木場久征社長については「日本の販促領域において、テクノロジーを活用した情報誌事業の変革やオンライン予約の推進等を通じてビジネスのデジタル化を推進した。Indeed Inc.買収後は、テクノロジーとデータを活用したグローバルプラットフォーム事業の進化をリードした実績を持つ」とし、十時裕樹社外取締役については「ソニーモバイルコ

図表３－２　リクルートホールディングス スキルマトリックス

専門性・経験を発揮できる分野	峰岸真澄 代表取締役会長	出木場久征 代表取締役社長	瀬名波文野 取締役	Rony Kahan 取締役 非業務執行	泉谷直木 取締役 社外 独立	十時裕樹 取締役 社外 独立	本田桂子 取締役 社外 独立	Katrina Lake 取締役 社外 独立
起業計画	○	○		○	○	○	○	○
財務・会計						○	○	
法務・リスクマネジメント			○					
グローバルビジネス	○	○	○	○	○	○	○	○
テクノロジー	○	○	○	○				○
人材ビジネス	○	○	○	○				
ESG・サステナビリティ			○			○	○	
トランスフォーメーション	○	○	○	○	○	○	○	○

出典：リクルートホールディングス「第63回定時株主総会招集ご通知」21頁

ミュニケーションズ（株）の代表としてスマートフォン事業の構造改革を遂行した。また、テクノロジー起点の映像・音響機器やイメージセンサー等の半導体製品の事業領域において、同社の事業成長を牽引した実績を持つ」と記載するなど、「テクノロジー」のスキルに○を付けた具体的根拠を詳しく記載している。

　実質的に深化した取締役会構成の監督・開示の在り方として参考になる。

b　取締役再任議案の検討への反映

また、選任時だけでなく、取締役の再任議案を株主総会に上程するか否かを判断する際に、取締役会やその下部委員会である指名委員会において、DX推進施策に責任を負うCDOやCIOである取締役（場合によりCEOである取締役も含め）の実績を評価し、適切な努力が尽くされていれば再任を可とし、努力が著しく怠られているなどの事情が認められる場合には再任を不可とする判断もなされるべきである。

⑶　DX推進の役員報酬への反映

前述のように「経営陣の報酬が持続的な成長に向けたインセンティブとして機能する」役員報酬制度の設計・運用（同補充原則4－2①）が役員報酬を通じたガバナンスの中核をなす。

知財・無形資産GLも「経営陣に知財・無形資産の投資・活用に対するインセンティブとして、例えば、KPIに連動した報酬とすることも考えられる」としている（55頁）。

従前の業績連動報酬では、営業利益や当期純利益の上昇と支給額を連動させることが多かった。

DX推進や知財・無形資産施策の実行費用は販管費であるから、営業利益や当期純利益のマイナス要因である。

しかし、企業の中長期の成長のためには短期的な減益要因であったとしても必要な投資がなされるべきであるという考え方が浸透してきている。

第2章で正林弁理士も述べているように現行の会計制度は無形資産を時価マイナス簿価という形でしか表現できておらず、

知財・無形資産を適切に評価できていない。

　知財・無形資産GLでも引用され、BS・PLが示す会計指標が企業価値を十分に表し切れていないことを論じるバルーク・レブ（ニューヨーク大学教授）、フェン・グー（バッファロー大学准教授）『会計の再生』（伊藤邦雄監訳、中央経済社、2018年）は、ネットフリックス社が証券アナリストや投資家向けに開催するカンファレンスコールでなされる質問は、同社の「戦略的資産であるブランド、顧客、コンテンツ、コンテンツ提供者との契約など」に集中していること、「これらすべての資産は……一般に公正妥当と認められた会計原則（GAAP）に基づく貸借対照表には、悲しくも計上されていない」としている（157頁）。

　このように利益指標だけでなく、無形資産、「戦略的資産」に着目する投資家が増加している動向を反映し、まだ数は多くないが、DX推進や知財・無形資産施策の実行を役員の業績連動報酬の非財務指標としてKPIに取り入れる日本企業も出始めている。

　例えば、三菱ケミカルグループは取締役の現金賞与の支給額と株式報酬の付与数の算定要素に"Management of Technology"を10％のウエイトで採用し、「イノベーションによる事業創出力を測るため」の「新製品・サービス貢献度」、「技術の優位性を測るため」の「特許競争力」に加えて、「デジタルトランスフォーメーション（DX）を推進するため」の「デジタル成熟度」を考慮要素としている（2023年 6 月27日付同社有価証券報告書）。

　利益指標のみをKPIとした場合、必要なDX推進投資が構造的

に抑制されかねないことから、同社のような役員報酬のKPIを設定することも株主・投資家にDX推進戦略を理解してもらう一助になる。

⑷ DX推進の従業員の人事への反映

役員以外の従業員の人事・処遇にもDX推進に関するKPIを設定することも考えられる。

DGコードは「デジタル技術を活用する戦略の達成度を測る指標」を定めることを求め、「取組例」として「実施している取組について、すべての取組にKPIを設定し、KGI（最終財務成果指標）と連携させている」ことを挙げている（11頁）。

DX推進を担当する従業員の人事評価を中心に、このようなKPIを取り入れることが必要になる。

5 戦略目標設定・実行・監督の株主・投資家への開示・対話

以上のようなDX推進についての戦略目標の設定→実行→監督の状況について、主に上場企業では株主、投資家への開示・対話が求められる。

CGコードも、財務情報だけでなく、「経営戦略・経営課題」に関する非財務情報や「知的財産への投資等」についての情報を株主に提供し、対話するよう求めている（基本原則3、原則3－1⑴、補充原則3－1③）。

これを受け、知財・無形資産GLは「多様な投資家・金融機

関に対する開示・発信・対話の実行」という項目を設け、詳しく考え方を示している。

　主な内容は次のとおりである。

---

①　定性的・定量的な説明（KPI等を含む）

　…挙げられている指標の例のうち、DX推進に特に関係しうる定量指標としては技術者数、市場占有率、売上高、営業利益率、研究開発投資額（原価償却率）などがあり、定量的指標としては「技術による課題解決を通じた顧客価値の提供」、「技術者のモチベーション向上に向けた処遇改善」などが挙げられている。

②　様々な媒体を通じた戦略の開示・発信

　…統合報告書、コーポレート・ガバナンス報告書、IR資料のほか、メディアや工場見学会を通じた開示・発信も活用すべきとしている。

③　セグメント単位の開示・発信

　…多くのセグメントを抱える企業はセグメント別に開示すべきとしている。

④　投資家との双方向の対話の実践

　…機関投資家、間接金融機関、セルサイド・アナリスト（証券会社のアナリスト）などの利用者を意識した情報開示の在り方を検討すべきとしている。

　DGコードもDX認定制度の認定基準として「経営ビジョンやデジタル技術を活用する戦略について、経営者が自ら対外的

にメッセージの発信を行っていること」を挙げている（13頁）。

　DXに関するスキルを有する役員選任状況のリクルートホールディングスの開示例や、DX施策の実行を役員の業績連動報酬のKPIとしている三菱ケミカルホールディングスの開示例については前述した。

　第2章で見た三井物産は、統合報告書において、CDIOのメッセージ、DX人材戦略の進捗状況、「脱炭素におけるさまざまなDX」といった取組などDX施策について4頁にわたって説明している。

　また、同社株式を保有する国内機関投資や英米などの海外機関投資家との対話においてもDX推進施策やサイバーセキュリティなどについての関心は高いとのことであった。

　特に、機関投資家はDX施策としてどういう目標を設定し（P）、実行しているか（D）だけでなく、その結果がどうなり（C）、どう改善したか（A）について問うてくる、定量データを欲しがる傾向にあるということであり、参考になる。

■ 著者略歴 ■

弁護士 **児島 幸良**（こじま ゆきなが）

児島綜合法律事務所代表弁護士。ハーバード・ロースクール（LL.M.）卒業後、金融庁総務企画局企画課出向。京都大学法科大学院法学研究科フェロー、早稲田大学大学院法務研究科客員教授、同志社大学大学院司法研究科客員教授。

弁護士 **澁谷 展由**（しぶや のぶよし）

琴平綜合法律事務所パートナー。デジタル庁・地方業務システム法務エキスパート。総務省・地方公共団体における情報セキュリティポリシーに関するガイドラインの改定等に係る検討会メンバー。会社法・ガバナンス、IT法務等企業法務全般のアドバイス、IT企業の社外取締役業務、デジタル関係の政策立案等に携わっている。

KINZAI バリュー叢書 L

デジタルガバナンス

2024年2月20日　第1刷発行

著　者　児　島　幸　良
　　　　澁　谷　展　由
発行者　加　藤　一　浩

〒160-8519　東京都新宿区南元町19
発　行　所　一般社団法人 金融財政事情研究会
　　編集部　TEL 03(3355)1721　FAX 03(3355)3763
　　販売受付　TEL 03(3358)2891　FAX 03(3358)0037
　　　　　　　URL https://www.kinzai.jp/

DTP・校正：株式会社友人社／印刷：株式会社光邦

ISBN978-4-322-14422-2

創刊の辞

　2011年3月、「KINZAI バリュー叢書」は創刊された。ワンテーマ・ワンブックスにこだわり、実務書より読みやすいが新書ほど軽くないをコンセプトに、現代をわかりやすく切り取り、かゆいところに手が届く、丁度いい「知識サイズ」に仕立てた。

　ニュース解説に留まらず物事を「深掘り」した結果、バリュー叢書は好評を博し、間もなく第一作の「矜持あるひとびと」から数えて刊行100冊を迎える。読者諸氏のご愛顧の賜物である。

　バリュー叢書に通底する理念は不易流行である。「金融」「経営」などのあらゆるジャンルに果敢に挑戦しながら、「不易」―変わらないもの―と「流行」―変わるもの―とをバランスよく世に問うことである。本叢書シリーズは決して色褪せない。それはすなわち、斯界の第一線実務家や研究者が現代を切り取り、コンパクトにまとめ、時代時代の先進的なテーマを鮮やかに一冊に落とし込んでいるからだ。次代に語り継ぐべき大切な「教養」や「斬新な視点」、「魅力溢れる人間力」が手本なき未来をさまようビジネスパーソンの羅針盤になっているものと確信している。

　2022年12月、新たに「Legal」を加え、12年振りに「バリュー叢書L」を創刊する。不易流行は変わらずに、いま気になることがすぐにわかる内容となっている。第一線実務家や研究者はもとより、立案担当者や制度設計に携わったプロ達も執筆陣に迎えている。

　新シリーズもまた、混迷の時代、先が見通せないと悩みながら「いま」を生き抜くビジネスパーソンの羅針盤であり続けたい。

加藤　一浩